"两弹一星"元勋
故事丛书

钱学森：
长天作证

QIANXUESEN CHANGTIANZUOZHENG

任林举 著

青海人民出版社

图书在版编目（ＣＩＰ）数据

钱学森：长天作证 / 任林举著 . -- 西宁 : 青海人
民出版社 , 2024.7
（"两弹一星"元勋故事丛书）
ISBN 978-7-225-06726-1

Ⅰ . ①钱… Ⅱ . ①任… Ⅲ . ①钱学森（1911-2009）
－传记－青少年读物 Ⅳ . ① K826.16-49

中国国家版本馆 CIP 数据核字 (2024) 第 078180 号

"两弹一星"元勋故事丛书

钱学森：长天作证

任林举　著

出　版　人　樊原成
出版发行　青海人民出版社有限责任公司
西宁市五四西路 71 号　邮政编码 : 810023　电话 :（0971）6143426（总编室）

发行热线　（0971）6143516 ／ 6137730
网　　址　http://www.qhrmcbs.com
印　　刷　青海雅丰彩色印刷有限责任公司
经　　销　新华书店
开　　本　890 mm × 1240 mm　1/32
印　　张　9
字　　数　180 千
版　　次　2024 年 7 月第 1 版　2024 年 7 月第 1 次印刷
书　　号　ISBN 978-7-225-06726-1
定　　价　38.00 元

小　引

　　秋天的北京，总是弥散着一些别样的气息。

　　这座享誉世界的历史文化名城，在公元 1153 年改变了命运。这一年，金海陵王迁都燕京，更名中都，号中京。从这一年起，北京作为中国王朝的都城，始终牵动着我们这个民族的心跳。

　　枫叶绯红，银杏金黄。春华秋实，家国兴衰。许多事件在这里发生，却早已隐没在历史的长河之中。

　　2009 年 10 月 1 日，是中华人民共和国 60 周年华诞。大约有 20 万军民齐聚在北京天安门广场，以盛大的阅兵和群众游行活动庆祝祖国的生日。这是新中国第 14 次大阅兵，也是进入新世纪的第一次阅兵。这次国庆阅兵，没有一件是引进装备，国产装备的数量、规模、质量和信息化程度都达到了前所未有的水平。新武器、新装备、新方队、新面貌，以恢宏、磅礴之势再一次震惊了世界，也见证了新中国的发展和人民军队的茁壮成长。

那天，钱学森在电视机前一直看转播，看着三军将士踏着正步走过来，看着装备方队和空中梯队以雷霆万钧之势通过十里长安街。军旗猎猎，军威赫赫。他既欣喜又振奋，还有一种说不出的满足和骄傲。全部的转播过程结束了，他长长地松了一口气，从头到脚，好像从来都没有这么舒畅过。他脸上露出了淡淡的笑容。他觉得，现在可以放心了，中国辽阔的版图上，已经构筑起立体的长城，中国人民再也不怕那些蓄意挑战中国核心利益和领土主权完整的"豺狼"了，这个历史上饱受欺凌的国家已经配上了守护和平的"猎枪"。他心心念念的祖国人民的尊严和幸福就在眼前，他已经一无挂虑，可以安静地离开了，他感到平静、圆满。

恰恰就在一个月后的 10 月 31 日，新华社却发布了这样一则消息：我国科学巨星钱学森今天在北京逝世，享年 98 岁。

巨星陨落。在钱学森离开的第二天，北京天降鹅毛大雪。雪花漫天飞舞，松枝低垂，天地同悲。

人类至今都无法摆脱因一些人的离开而带来的悲伤。在这种悲伤中，人们追忆着逝者的一生，感怀他们在我们的生命中留下的那些点点滴滴，心灵承受着惋惜和疼痛的摇撼。

晚年，钱学森经常在家和医院间辗转，他的儿子钱永刚一直陪在身边，他一再嘱咐钱永刚，如果自己走了，一切都要从简，一个人安安静静地离开最好。

此时的阜成门8号——中国航天大院，聚集了很多人，都是自发地来为这位科学巨匠送行的。他们当中有社会各界人士，有普普通通的北京市民，还有钱学森一家的老朋友、老邻居。人们拉起了黑底白字的条幅，送来花圈寄托哀思。钱永刚不得不在家门前，搭起一个简单的棚子，安放人们送来的花圈，一天多的时间，花圈就装不下了。

在这些人群中，有一群青少年吸引了人们的目光。他们穿着整齐的校服，神情肃穆、庄重。排着队伍，缓缓走进来。有人走近去看他们校服上的字，才知道他们是北京市海淀实验中学"钱学森班"的代表。他们要在这最后的时刻送别他们亲爱的爷爷。

队伍中的一个少年，眼睛注视着爷爷家的老房子，这处梧桐树掩映下的红砖房真是又老又旧啊，窗棂上的油漆都已经斑斑驳驳了。听说爷爷在这里一住就是50年。

他随着队伍，缓缓地向前移动着脚步。前面有一张爷爷的照片，当他的目光和照片上爷爷那睿智、满含希望的目光触碰到一起的一瞬间，他终于忍不住失声痛哭起来。他的哭泣打开了孩子们情感的闸门。一旁的工作人员把这个孩子搂在了怀里，轻轻地拍着他的背。这个少年哭着说："我虽然没有见过爷爷，但是，我能感受到，他的精神一直在陪伴着我，激励着我，他是我的英雄，如今他离去了，我们再也没有机会见到他了。"

这群少年可能还无法真正地了悟生死，但对于生命里那些重要的人、重要的事已经有了自己的理解。对于他们来说，也许这并不是一场简单的告别，而是一次迟来的确认，确认自己曾经的拥有。这份拥有，有时是那样可有可无、模糊不清，有时却又是那样的不可或缺、牵动人心。有了它，就有了力量，就有了人生的目标，就有了前行的动力。而这就是榜样的力量。借着这样的力量，我们可以调校我们的人生，做出某种方向性的选择和改变。

　　然而，巨星陨落并不是陨灭，它的光还会照在路上。只要我们仰起头，仍然会看到它昔日的光明、今日的光辉和未来的光照。像钱学森这样的人，无论是我们现实中的曾经的相识、相知，还是间接的、跨越时空的了解与接近，追述平生，他的伟大与平凡都会给我们留下深深的思考和感怀，都会向我们阐释什么是人之为人的高尚和人之为人的尊严。

目 录
contents

1

目　录

contents

目　录
contents

目 录

contents

第一章　百年树人

钱氏家训

钱学森的祖籍是自古就人杰地灵的杭州。

17岁的马可·波罗从他的家乡意大利水城威尼斯出发，跟随他的父亲和叔叔一路向东方游历。1275年，他们来到了中国元代首都。在这片古老的中华大地上，他游历了整整17个春秋。他到访过许多地方，他是这样描绘他心中的杭州的："杭州是世界上最美丽的华贵之城。当地人总是浑身绫绢，遍体锦绣。"

丝绸是杭州的华美外衣。细细的丝线从蚕茧中抽出，经天纬地，凌罗绸缎，它不仅代表着美轮美奂的纺织工艺，而且言说着杭嘉湖地区精美的生活方式。这里被称为"人间天堂""丝绸之府"。这里也是古代丝绸之路的源头，大量的丝绸从这里起运。海上白帆点点，鸥鸟和鸣，四海一家；陆路驼铃阵阵，古道漫漫，丝路花雨，古老而神秘的东方文明就是从这里向世界各地厚植远播。

钱学森的祖上世代在杭州经营丝业。钱学森的曾祖父钱继祖开设的"钱士美丝行"在当时赫赫有名。每年春丝上市前，各家丝行都要等声望很高的钱家丝行定了价才开市营业。

钱姓在杭州有着特殊的意义。现在的杭州西湖畔还有一座钱王祠，相传是五代十国时期钱镠的故里。公元907年，钱镠被后梁册封为吴越王。他崇尚农桑，修塘拓海，发展商贸，吴越国富甲江南。钱氏家训中很多持家治业的思想。例如，"爱子莫如教子""教子读书是第一义""利在一身勿谋也，利在天下者必谋之"……这样的训诲对子孙立身处世都有很好的激励和鞭策作用。钱氏家训世代相传，钱氏子孙中更是人才辈出。我们知道的钱钟书、钱玄同、钱其琛，还有与钱学森并称"三钱"的钱伟长、钱三强，等等，他们的身世都能追溯到钱镠那里，他们都是钱镠的后裔。

钱学森的父亲钱家治，字均夫，后来一直用钱均夫这个名字。他出生于1882年12月，是钱镠的第32世孙，是清末的秀才。钱均夫1899年就读于杭州求是书院，这个杭州求是书院就是浙江大学前身。1902年，钱均夫考取了赴日本东京公费留学的机会。在日本留学时期，他和鲁迅有很多交往。1908年，钱均夫学成回国，在浙江两级师范学堂任教。

钱均夫学识很广博，思想也很进步。一次，他在杭州安定中学礼堂发表新文化运动的演讲，听众席上坐着杭州富豪章乐山，章乐山赏识钱均夫的才华和人品，两家本来就相识，于是就结了姻缘，章家把女儿章兰娟嫁给了钱均夫。

这个时候，钱家后代才俊大都选择去读书了，生意上的事也就无人顾及了。后来又遭遇无良商人暗中作祟，所以，到了钱均夫这一辈已是家道中落。但章家当时正是兴旺之时，章兰娟就把杭州富贾贵族聚居之地的方谷园2号这处大宅作为嫁妆带到了钱家。

1911年是中国历史上惊天动地的一年。

这一年，辛亥革命爆发了，这是一次资产阶级发动的民族民主革命。中国最后一个封建王朝——清王朝和持续了两千年的封建君主专制制度被推翻了。12月11日，就在辛亥革命的激情和动荡中，钱学森来到了人世。

钱均夫一开始给儿子起名叫钱学林，后来又加上了一个"木"，"林"成"森"，取了葱郁繁茂的意义。"学森"又和"学深"谐音，也让人联想到治学深厚，这也是钱家的一份意愿。名字中间的"学"字是按钱家"继承家学，永守箴规"的族谱论辈分排下来的。

钱学森在杭州名门望族聚集的小营巷深处的方谷园2号度过了他生命的最初几年。

一个人的出身是无法选择的。但是，出身并不能定义一个人的一生。他自己的初心，父母最初的殷殷期望，师长的谆谆教诲，青年时代的人生选择，还有困境中的坚韧和勇气，这些都是一个人一生的底色。

　　钱学森曾亲笔列出一些在他一生中对他影响至深的人，他们是：

1. 父亲　钱家治——写文言文

2. 母亲　章兰娟——爱花草

3. 小学老师　于士俭——广泛求知，写字

4. 中学老师

董鲁安（于力）——国文，思想革命

俞君适——生物学

高希舜——绘画、美术、音乐

李士博——矿物学（十级硬度）

王鹤清——化学（原子价）

傅仲孙——几何（数学理论）

林砺儒——伦理学（社会发展）

5. 大学老师

钟兆琳——电机工程（理论与实际）

陈石英——热力学（理论与实际）

6. 预备留美　王助——经验设计

7. 留美　The odore von Karmam（引者注：即冯·卡门）

8. 归国后　毛泽东、周恩来、聂荣臻

　　沿着这份珍贵的名单，我们可以去探寻钱学森的成长之路。他是怎样以土地的姿态,让一些种子在自己的生命里生根、

发芽；他是怎样孜孜以求、勤勉努力，像园丁一样耕耘着自己的生命；他又是怎样经历的风风雨雨，成为于国、于民有益的栋梁之材，结出饱满的人生果实的。

可以说，这份名单是钱学森留给我们的一张人生地图。

启蒙老师

人类文明，传承千载。家庭是孩子的第一所学校，父母是孩子的第一任老师，父母的一言一行、一举一动都影响着孩子的一生。

钱学森说："我的第一位老师是我父亲。"

钱学森的父亲钱均夫是一位兴趣广泛的人。他在日本东京高等师范学校读的是史地科，但他有志从事教育。毕业后，他没有急着回国，又多待了半年，用这半年的时间，他走遍了日本，仔细地考察了日本的教育。回国后，他和钱家"家"字辈的几个兄弟都从事了教育。

钱家到了钱均夫这一辈大都是读书人。他们养育后代的方式也都是秉承着中国传统的儒家文化思想，强调的是"修身、齐家、治国、平天下"。对钱学森的教育，父亲自然是竭尽全力的。从他出生的那一天起，就被赋予了中国历代读书人所

推崇的家国情怀。钱均夫教育钱学森要有本领，要刚正顽强、
济世救民、匡扶天下。这也是几千年来传承着的中国文人
的"风骨"。

钱学森很小的时候父亲就领着他读名著。有一次，读到
《水浒传》时，也许是受了先前读的神话故事当中英雄常常是
人神合一思想的影响，他就问父亲："那些厉害的梁山好汉真
的是天上星星下凡吗？"父亲说："不是，那只是传说。只要
好好学习，好好读书，你也能成为英雄好汉。"

钱均夫没有把钱学森送进私塾，而是引领他走上了一条
全新的现代教育的路径。

20世纪初，中国的幼儿教育大都还是通过私塾启蒙的。
私塾这种开设于家庭、宗族和乡村内部的民间幼儿教育机构，
始于春秋末期，已经有两千多年的历史了。私塾教育与中国
封建社会实行的人才选拔制度——科举考试完美契合。它以
儒家思想为核心，从识字入门直到写出中规中矩的"八股文"。
钱均夫从小就是读私塾的，虽然他身为清末秀才，但留学经
历打开了他的视野，使他建立了全新的教育理念，他为钱学
森铺就的是一条更人本、更自由、更全面的求学之路。

钱学森被送进了宣武门蒙养院接受启蒙教育。蒙养院就
是我们现在的幼儿园。那一年是1914年，三岁的钱学森随父
母迁居到了北京。那时，钱均夫已经在北洋政府任教育部视学。

蒙养院承载着清政府的强国梦。1905年，清政府派端方
等要臣去西方考察，端方认为，东西各国之富强莫非发源于

教育，而教育要从小抓起。于是，清政府仿照西方创办了蒙养院。蒙养院直接挑战着旧有的私塾启蒙教育模式，课程设置与现今的幼儿园很相似，其中"修身话"就是学习做人之道，"行仪"就是学习行为举止，"读方"就是识字，"数方"就是算数，"手技"就是手工游戏，"乐歌"就是唱歌跳舞。

钱家雇了一辆黄包车，由女佣陪同，每天接送钱学森去蒙养院。钱学森年仅三岁，这个年纪，许多孩子还整天过着撒娇耍赖的日子。当然，那些贪图安逸、好吃懒做的孩子被钱家称为"败家子"，同时也被钱家认为是一个家族的耻辱。

钱学森每天早上必须按时起床，穿戴整齐，走出家门，他好像从小就懂得他是为一些使命而来的，他别无选择。冬天天还没亮，他就被妈妈叫醒，离开温暖的被窝。在集体生活中，钱学森开始独立去面对家人以外的世界，面对属于自己的困难、属于自己的挑战，开始品尝属于自己的进步、属于自己的成功。

钱学森的母亲章兰娟是典型的大家闺秀，从小就懂得温良谦恭。钱均夫更多的时候是忙于公务，母亲则在绝大多数时间陪伴着钱学森成长。在回忆母亲时，钱学森记得母亲的心算能力很强，经常和他一起玩心算游戏。他说："我的母亲是个感情丰富、纯朴而善良的女性，而且是位通过自己的模范行为引导孩子行善事的母亲。母亲每逢带我走在北京大街上，总是向着乞讨的行人解囊相助，对家中的仆人也总是仁厚相待。"

钱学森上蒙养院这个新式的幼儿园的时候，还经历了张勋复辟。张勋复辟之后，北京的男人们又留起辫子，胡同里又挂起了黄龙旗。20世纪初，新与旧的势力以各种形式较量着、抗衡着。像季节变化影响着大地上的植物一样，世风轮转也历练着每一个人的灵魂。在那个动荡的年代里，大概每一个中国公民都在思考着时代的发展方向和个人未来的走向。多事之秋，促使着人们的思索、成熟。就这样，钱家的黄包车每天早晨准时出发，寒来暑往，风雨无阻，搅动着明暗交替的日子，也搅动着社会和生命的节奏。钱学森也在那个动荡的世纪之初渐渐成长着。

1917年9月，钱学森还不满六岁，就进入国立北京女子高等师范学校附属小学读书了。此时，钱均夫在教育部任中小学科科长。他深知这所位于西单手帕胡同的小学校师资优秀，教学质量上乘。同时，学校附近坐落着清代著名诗人龚自珍的府第，书香浓郁。这样的教育资源是令他满意的。

这所小学的办学目标是："吸纳世界最新学理加以试验，为全国小学改进之先导。""既为试验，自无旧制可循""须敢为前人所不为之事，创前人所未创之先。"学校强调身教胜于言传，老师很少体罚学生，即使学生有错，老师也不能大声呵斥学生。在这个学校里，学生们会得到充分的尊重，学生们进了老师的办公室，不仅可以坐下来说话，而且还会有人奉上一杯清茶。他们学校还有一个传统，就是鼓励学生写"自然日记"，用花草、叶子和图画代表他们还不会写的生字。这样，学生们的书面表达能力就不受他们识字量的限制了，这些孩子的书面表达能力远远超过了同龄的孩子。

　　钱学森是当时班上年龄最小的学生，他天资聪颖，学习既刻苦又认真。无论平时多么顽皮，课堂上却总能聚精会神，把老师讲得听清楚、听明白，成绩也总是名列前茅。有一件事很多人都提起过，就是钱学森和同学们一起玩纸飞机，他的纸飞机总是飞得又高又远，同学们向他请教原因，他说："要选光滑的纸，把棱角折得整整齐齐，再在飞机头上插一根小小的笔芯，这样投起来阻力小。"可见，他小小年纪是多么富有创造力，多么善于观察和揣摩。

　　1920年，钱学森转入国立北京高等师范学校附属小学。这所小学位于北京琉璃厂古文化街北侧，校内建有仪器馆、图书馆，是全国小学改革的先导。周恩来总理的夫人邓颖超就曾在这所小学任教，她是这所小学的第一位女教师。不过，她没有教过钱学森。在1964年全国人大会议期间的一次宴会上，邓颖超和钱学森正好同桌，他们就聊起了当年。后来，钱学森多次感念在北京度过的小学时光。

　　多年以后，钱学森有一次参加新年联欢会，联欢会上放映的电影是《城南旧事》，看着看着，钱学森泪如泉涌。因为剧中出现的那个小学校就是他小时候读书的师大附小，熟悉的砖墙青瓦、石阶芳草，还有那些老师和同学们在一起时的欢声笑语，都一一浮现在眼前，却无可奈何地消逝于时光深处，永远不会重来。

1923年，12岁的钱学森以北京市第一名的成绩考进国立北京师范大学附属中学，这是当时北京城里最好的一所中学。

钱学森说："在我一生的道路上，有两个高潮，一个是在师大附中，一个是在美国读研究生的时候。六年师大附中的学习对我的人生、知识和人生观起了很大作用。"

钱学森入学的时候，学校的校长是著名的教育学家林砺儒，也是他父亲钱均夫在日本留学时的校友。林砺儒四岁丧父，读书很刻苦，曾因积劳成疾而吐血。他就任北师大附中校长的时候，在就职演讲中说道："中学教育是全人格教育。"意思是说教育的目的就是使学生人格独立、健全发展。他倡导"师生互相亲爱，互相协助"。在他的倡导下，师大附中弥漫着民主、开拓、创新的良好学风。学校率先实行中学六年学制，自编教材，自定课程标准，文理分科。此外，学校还经常组织各种课外小组，高中增设了第二外语、微积分初步、初等力学、电磁学、分析化学等课程，还有中国诗词歌赋、音乐、伦理学等多门选修课。后来，钱学森说："我高中毕业时理科课程，已经学到了我们现在大学的二年级了。"

"当时一走进师大附中，就感到一种气氛，一种为振兴中华而刻苦学习的气氛，自己就是在这种气氛中被熏陶出来的。"在这个学校里学习，钱学森如鱼得水。

每天中午吃了饭，大家都不出去闲逛，而是回到教室，凑在一起，讨论各种感兴趣的问题，你一言我一语，十分精彩。为了能提出新颖的观点，很多人在课后下足了功夫。在谈到师大附中那段学习生活时，钱学森的语气里充满骄傲："明天要考试，今天要备考，那是大家都看不起的，是没出息的。要考试，就是不做准备地考，那才叫真本事。"这样的校风、学风，这样融洽的师生关系，无论从哪个年代看，都有可能是中国近现代教育史上的一段佳话。

林砺儒还为学校聘请了一批热爱教育，有学识、有锐气的教员。在钱学森列出的那份对他影响至深的人的名单里，竟有七位是他在这里的中学老师。

最让钱学森难忘的是语文老师董鲁安。董老师总是对当时的政治事件慷慨陈词，将学生们的目光引向社会，引向时局。在潜移默化中，钱学森萌发了忧国忧民的爱国情愫。当然，这些内容肯定都不是教学中必须的，但确实是每一个学生成长过程中必要的补充。董老师也很自觉，常常是讲着讲着，发现自己离开了教学主体，便笑一笑说："我是不是又神聊了？"这样，话锋一转又回到了课堂。这种师生之间的轻松自在，让钱学森记忆犹新。

矿物学老师李士博也很独特，为了让学生轻松掌握和记住课程内容，他每堂课都会开动脑筋，变出些新鲜花样。直到钱学森晚年，仍然能够一字不落地背诵当年李老师自编的矿物硬度歌诀："滑、膏、方、莹、磷、长、石英、黄玉、刚、金刚"，读起来朗朗上口。

尽管钱学森的成长和进阶是一帆风顺的，但父亲钱均夫并没有因为钱学森的聪明伶俐而放松对他的要求。大约是为了让自己的孩子好上加好、优上加优，课堂之外他还要给钱学森加上一码。他曾经去请林砺儒辅导钱学森，但林砺儒并没有马上答应，而是出了几道题，准备考考钱学森。钱学森被叫到林砺儒的办公室来答题，林砺儒和钱均夫二人则闲聊了起来。不一会儿才发现钱学森人不见了，原来他已经答完考题出去了。林砺儒拿过答案，边看边点头，笑着说："收下了，我给他讲讲伦理学。"伦理学对一个人的成长会有什么帮助呢？大概很多家长都不能很好地理解，但钱均夫当时却感到很高兴、很欣慰，至少学问和学问之间的道理是相通的，学好了哪门学问都能启迪心智，使人通达、贤明。

也就是从那时候起，钱学森养成了博览群书的习惯，经常去图书馆满足自己旺盛的求知欲。有一次，一位同学说："当今世界上有两个伟大的人物，一个是爱因斯坦，一个是列宁。"大家都问，你是怎么知道的？那位同学说："是在图书馆看书看到的。"钱学森在一边听见了，就去图书馆找这两位伟大人物的书看。那么小的年纪是否能看得懂，是否真正能从两个伟大人物身上汲取了人生营养不得而知，但至少从那时起他就自觉地打开了求知问道的思路和途径，自然也渐渐拓展开自己的视野和境界。

每每回忆起自己的中学时代，钱学森说："那是我一辈子忘不了的六年。"

"实业救国"的选择

时间来到了 1929 年，18 岁的钱学森面临着人生的一次重大抉择。

他要选择读哪所大学，学什么专业，将来从事什么职业。

北师大附中毕业，钱学森各科成绩都很优秀，各科老师都希望他报考自己的专业，并断言他将来会卓有成就。母亲章兰娟希望他学教育，子承父业。父亲钱均夫则保持了沉默，他把选择权交给了儿子。他能够这么做，完全是他对教育有着深刻的理解。一个人的自主选择将决定他在自己选择的道路上遇到困难的时候有多少能够坚持下去的勇气。

钱学森报考了上海的国立交通大学机械工程学院，攻读铁道机械工程专业。这是他自己的选择，他要造火车、修铁路。

在中国人的精神谱系里，个人的前途与国家命运是密不可分的整体，也是同命相依的。早在两千多年前，《孟子》就有言："天下之本在国，国之本在家，家之本在身。"这种儒家思想根植于五千年中华文明的沃土，一个人就是为荣耀而生的，他必须修炼自己，经过苦难的磨砺，懂得坚强与忍耐；他必须打开胸襟与格局，从个人和家庭的安逸里走出来，去鹏程万里，去背负天下苍生，而这样的思想经世代家教传承，已经成为有志青年的自觉选择。

　　每个时代的青年人都有着那个时代赋予的人生理想。对钱学森来说，以前的教育是按部就班的，是基础和铺垫。这次选择，完全是把个人命运与国家命运联系在了一起。

　　那时，世界陷入历史上最深刻、最持久的一次经济大萧条。国内军阀混战，时局动荡，民不聊生。中国近代民族资产阶级正在大力宣扬着"实业救国"的思想，就是以发展资本主义工商业作为救国救民的主要路径，这样的思想深入人心。钱学森和当时许多有志青年一样，所追求、所向往的就是"实业救国"的梦想。

　　还是在上初中的时候，两位从农村来的同学是坐着火车赶来北京上学的，他俩都是第一次见火车。好长一段时间，他俩都沉浸在坐火车的兴奋之中，逢人就讲他俩坐火车的感觉，像是刘姥姥进了大观园一样，显得既絮叨又土气。在一边看到这一切的钱学森，虽然很理解两个同学的心情，但也感到十分痛心。火车在国外已经有几十年了，中国还有那么多人竟连火车是什么样都没有见过，于是他感叹道："什么时候国家才能富强起来，什么时候坐火车对普通百姓也是一件平常事啊！"

　　恰巧这时，钱学森读了孙中山的《建国方略》。孙中山提出：铁路交通事关国计民生的根本。交通为"实业之母"，而铁道又为"交通之母"。钱学森高度认同孙中山的这一思想，即中国要强大必须发展交通，尤其要发展铁路交通。当时，以钱学森的学习成绩可以轻松考取清华大学或北京大学。高中时，他还去清华大学和北京大学参观过。之前，他的理想是将来要去清华或北大读书。现在，他的理想发生了变化，他要找到一个学校学习建铁路。他要像他心目中的英雄詹天佑那样，立志在中华大地上铺设起纵横交织的铁路网。

1929 年 9 月，钱学森以总分第三名的成绩考入交通大学机械工程学院。

此时，钱学森的父亲钱均夫已经随着国民政府南迁到南京任职。钱学森选择学铁路机械对钱均夫来说是情理之中的。因为他了解儿子钱学森的志向，也赞同儿子的选择，"习其西夷之长，救中国之短"，而这也是他本人的人生理想。他曾说过："只有实业才能救国，贫弱的国家太缺少工程师了。"如今，儿子已经自觉走上了当工程师"实业救国"的道路，他自然是满心欢喜。

上海，自 1843 年开埠以来，一直是中国与国际保持沟通的一个重要窗口，不仅文化教育、金融和商业，而且中国的近代工业也是率先从上海起步的。这个一开始就有些"洋气"的城市，集中了当时中国最时尚的行业和机构，包括有些著名的学府。交通大学就坐落在徐家汇，它的前身是"南洋公学"。"南洋公学"就是本着实业救国的初心应运而生的。它的创办人是晚清洋务运动代表人物盛宣怀。

一进校门，钱学森一眼就看到了墙上的八个醒目大字：实业救国，科技救国。看来这所大学的办学方针和自己心中的目标是没有偏差的吻合，这一幕不由得让他对这个学校生出无限的敬佩之情。钱学森刚入学时，交通大学的校长是孙中山之子孙科，他身兼数职，也是当时的铁道部部长，倡导"交通行政与交通教育相辅而行"的理念。这也意味着，这个学校的大部分学生就是为中国铁路对口培养的。

这是一所新大学。看起来它的一切都是新的，教学方向、教学理念，包括校园内的房屋和设施，甚至连教学楼和宿舍等也都没有全部竣工，一切都处于起始阶段。这在历史或时间的流程里，都应该叫作"肇始"或"发端"。入学不久，新的学生宿舍楼落成了，钱学森和同学们搬进了崭新的宿舍，这是当时中国设施最完善的大学生宿舍。

交通大学建校之初成套引进的是美国麻省理工学院和哈佛大学的教材，办学模式也基本是仿照美国麻省理工学院的方式，连课程设置都是一致的。所以当时国内外教育界都把交通大学称为"东方MIT（美国麻省理工学院）"。那时，交通大学的学生如果去欧美留学是不需要额外再考试的。钱学森等于一脚迈进了美国麻省理工学院的大门。

钱学森在本科阶段，就已经把美国麻省理工学院研究生课程读完了。后来，他在美国麻省理工学院留学时发现：交大的课程安排全部是抄此校的，连实验课的实验内容也都是一样的，交大是把此校搬到中国来了，因此也可以说交大在当时的大学本科教学是处于世界先进水平的。

后来，交通大学渐渐形成了自己的办学特色，"以理科为基础，工科为重点，兼有管理学科"，向全国各地输送了大批工业技术人才，盛宣怀、李维格、刘厚生、穆湘瑶、李复等，一个个在近代实业领域响亮的名字，彰显着交通大学为中国近代工业作出的重大贡献。

因病休学

1930 年，暑假就要结束了，钱学森突然腹泻、头痛、高烧，身上还起了疹斑。家人心急如焚，找了医生诊治，才知道是染上了伤寒。

那时候，伤寒是让人恐惧的。它的肆虐曾经夺走过无数人的生命。

今天，我们知道，伤寒是极为严重的传染病。伤寒杆菌侵入人体后会在各器官繁殖，引发肠道出血穿孔，导致死亡。人类曾经对细菌感染束手无策，公共卫生意识远没有达到今天的水准。直到 1928 年，青霉素被发现，人类在与细菌感染这场战争中才有了决胜的武器。人类的平均寿命因为青霉素的发现延长了 20 年。钱学森生病的时间是 1930 年，青霉素还远远没有普及，时间需要延后 14 年，直到 1944 年，青霉素才在中国面世。

钱学森的学业不得不按下暂停键。这也许是他第一次感受到无力和脆弱。相比于过去的所有困境，这是一场严峻的挑战，使他的生命受到了威胁。

困境往往会使一家人的心紧紧地贴合在一起，彼此成为依靠。

钱学森是钱家最珍贵的一棵独苗，怎么能不想尽一切办法进行救治！得了这么严重、可怕的病，家里人少不得好一阵紧张、慌乱。四方寻医，八方讨药，最后找到一位对治疗伤寒病很有办法和名气的老中医，老中医为钱学森开出了一剂特别的药方。这个方子就是一日三餐只吃豆腐乳卤加稀饭，吃三个月。这个方子的思路就是不再给身体增加任何额外负担，等待身体自然地、慢慢地康复。每日摆在钱学森餐桌上的就是豆腐乳卤加稀饭，三个月后，钱学森的身体渐渐恢复了。然而，让他伤心不已的是，和他同期也害了伤寒的祖母却没能挺过来。

钱学森的命是保住了，但留下了病根。那位老中医又帮他找到一位气功师调理。练了气功后，确实祛除了钱学森的病根。从此以后，钱学森对气功产生了兴趣，因为深得其益，以至于年近百岁仍然每天习练气功。对他来说，气功不是简单的动作和呼吸，他由此进行了许多关于生命科学的思考。

因为这场大病以及病后休养，钱学森不得不休学一年。

钱学森是一个闲不住的人，习惯给每一分、每一秒都赋予意义。刚得病的时候，他身上几乎没有一点儿力气，只能躺在床上，想的就是怎么能活下来。后来，虽然身体渐渐有了好转，但还是不能返校，需要耽误一年的学业，为此他心中很是着急，难免也会生出一些沮丧。不过，很快他就从低落的情绪中走了出来。俗话说："时间对每个人都是公平的。"对于钱学森来说，只要时间仍然在自己的手上，他就能想办法赋予这段学业以外的时间以意义。

父亲担心他寂寞，又怕他累，就聘请了一位画家，教他学习国画。每天早上，阳光洒在书案上，他很有兴致地备好纸墨，开始练习国画。他很专注，用心体会老师的讲解。没过多久，老师就夸奖他已经掌握了国画山水的基本技法了。后来，他所在年级的徽章以及校友通讯录的封面都是他设计的。那一年，他还趁机看了很多学业以外的书。科学社会主义方面的书籍吸引了他，引起他很多思考，从那时起，他开始对社会制度、政治、时局等有了自己的看法和见解。

也许，真的像人们说的那样，困境是为了教会我们什么。这场大病明明就是一艘顺风顺水的生命之舟陷入了困境，钱学森并没有沉浸在低沉的情绪中，而是在困境中积极地寻找另一个出口，他把困境变成了面对生命的另一种姿态和另一个契机。

盘点钱学森的一生，困难、挫败远远多于我们所知道的那些鲜花和掌声。很多时候，他都是在自己选择的道路上走着走着就无路可走了，从而不得不做出另外的选择。这种面对困境时的积极心态和另寻蹊径的思考方式陪伴他度过了曲折而又波澜壮阔的一生。

1931 年暑期后，钱学森重返校园。

钱学森在中学时打下的坚实基础让他受益匪浅，雄厚的数学和物理功底，让他在整个大学期间的学习都显得很轻松。但他是一个进取心很强的人，对自己的每门功课都有更高要求。一开始他就给自己定下了科科都要达到 90 分以上的目标，几年努力下来，他居然完美地实现了这一目标。如此一来，也为父母节省了很多的学习费用，尽管钱家并不在乎这点学费，但他还是很争气，频频获得免交学费的奖励。

如果博闻强记对一般人来说是一句空洞的赞语，那么对钱学森来说则是毫无虚饰的描述。他不仅博闻强记，而且能活学活用、融会贯通，最终化育出优异的成果。化学分析课需要大量、准确的记忆，他就把一整本英文教材从第一页背到最后一页，包括注释也都背了下来。交通大学的图书馆保留着一份钱学森的 100 多页的热工实验报告，实验过程记录和分析近于完美，他得了满分。图书馆还保留着 1932 年的成绩单，钱学森的学号是 469 号，他的总分数位列班上 22 名学生中的第一名。

年轻的钱学森充满激情活力和拥有广泛的兴趣，大学时代的生活既丰富又多彩。钱学森在同学们的影响下喜欢上了音乐，并经过他们的热情鼓动还加入了交通大学的铜管乐队，在乐队中担任次中音号号手。无论什么事情，钱学森是不干则已，一干则全身心投入。期间，他每天都要花上一个小时去练习，一直练到音色、旋律俱佳。另外，他还加入了学校的雅歌诗社、军乐队和口琴社。有一次，他因为学习成绩在班上名列前茅而得到了一笔奖学金。随后，他第一时间赶到上海南京路买回了他心仪已久的俄罗斯作曲家的唱片。

对音乐，钱学森不但保持了持久的兴趣，而且也善于从中体会和总结，继而参悟出一些独特的规律和道理。音乐这个爱好与他相伴一生，音乐给了他很多启发和灵感，也引发出他许多关于对科学与艺术的思考和见解。

1935 年前后，是他对音乐从热爱到迷恋的一个阶段。期间常常突发灵感，文思泉涌，他便提起笔，记下自己内心的感悟和理解。当时，他还乘兴写下一篇名为《音乐与音乐的内容》的文章，发表在《浙江青年》上。

和每个人都有自己的性格和品质一样，一个学校也有自己独特的风气和品格。钱学森就读的交通大学也一样，看似宽松自由，实际上对学生的成绩和品格要求却是锱铢必较。钱学森就是在这样的文化理念和校风中养成了求真务实、勤勉笃行、忠诚担当的品格。

在交通大学就读期间，曾发生过两件和分数有关的"小事"，让钱学森终生难忘。

第一件事发生在 1933 年 6 月 23 日。机械系三年级水力学考试卷发下来了。钱学森看到自己的试卷上全都是对号，心中正为拿到满分而暗喜。但仔细一看，发现了一个小小的错误，他把"Ns"写成了"N"，漏了"s"。他就举手报告了任课的金悫教授，主动要求扣分。金悫教授一看，果真如此，于是给了钱学森 96 分。

金悫教授非常赞赏钱学森的诚实，他一直保留着这份试卷，即使在抗日战争那些颠沛流离的日子里，这份试卷仍然存放在金悫教授的箱子里，跟随他到过大西南。四十七年后的 1980 年，在钱学森重返母校之际，金悫教授拿出了这份珍贵的试卷和大家分享了当年的故事。金悫教授是一位热爱教育事业的人，1983 年，他在弥留之际留下了遗嘱，把一幢私房赠给了上海交通大学做职工宿舍，并捐赠 2 万元人民币作为学生奖学金。

另一件事是发生在另一个学期。钱学森修完了自己最喜欢也最擅长的热力学，他十分轻松、自信地参加了科目考试，答完试卷，他觉得自己毫无疑问地能得满分。可是，当成绩下来时却得了 99 分。对此，他反复琢磨，究竟是哪里出了问题，这 1 分到底丢在哪里，令他百思不得其解。当时他的热力学老师是陈石英教授，1913 年赴美国麻省理工学院造船系学习，1916 年回国，他在交通大学任教 67 年，曾经担任过交通大学的副校长。钱学森为什么会丢掉这 1 分，大概也只有陈教授能说清楚。陈教授当时的威望甚高，尽管陈教授曾公开表示过，钱学森是他教过的最好的学生，但作为学生，钱学森也有些不好意思为这 1 分去找老师讨个说法。

正当钱学森感到困惑之时，陈教授主动找到了他。陈教授问钱学森知道为什么没有得 100 分吗？钱学森回答不知道，并态度很诚恳地请教陈教授，自己究竟是哪里出了错误。陈教授才告诉他，他的卷面上哪里也没有出现错误，没有任何问题。只是为防止他自满，才没有给他100分。知道了原委之后，钱学森理解了陈教授的良苦用心，从此，与陈教授的感情又近了一层。

改学航天

一入交通大学校门，就是一大片开阔的草坪。放眼望去，四周是用红砖或红砖与青砖相间而建的西式建筑群。这是以美国哈佛大学和耶鲁大学为蓝本，聘请美国人福开森设计并监督建造的。夕阳西下，树木上跳动着耀眼的金色。如果没有战乱，没有杀戮，这样的环境很容易让人忘记外面的世界。

然而，战争像是一头边走边发出咆哮的怪兽，正从祖国边境迅速地向中原腹地推进。敏感的学子们坐在教室里似乎都能感受到铁蹄踏地的声音。课桌在摇晃，校园在摇晃，大地在摇晃。就算长着一副铁打的心肠也受不了这样的摇晃。那些日子，钱学森和所有祖国的热血学子们一样，常被一股悲愤的忧国忧民之情笼罩着。

1931年"九一八事变"之后，日本占领了东三省，很快又剑指热河，并把目光投向了中原，投向了上海。刚刚康复的钱学森身体还很虚弱，但是，他还是参加了上街游行，和同学们一起抗议日本军国主义的侵略行径。

1932年1月28日午夜，上海突然响起了密集的枪声，震惊中外的淞沪抗战打响了。日本军国主义肆无忌惮地入侵中国，日本空军凭借其空中优势，掌握了制空权，猖狂地对中国的土地狂轰滥炸，许多仁人志士英勇抵抗，共赴国难。

钱学森和同学们搬出了执信西斋，这是交通大学最新、最漂亮的一栋宿舍楼，这里将作为特殊时期医院的临时病房，大批十九路军的伤病员从华界虹桥路的后门送到这里。钱学森看着伤员们血淋淋的伤口和痛苦挣扎的样子，心中不断燃烧起仇恨的烈火。是贫穷落后为野蛮的侵略打开了缺口和大门，没有强大的空军就没有国家的安全，没有坚实的航空工业就没有国家的强大。钱学森暗暗下定决心，做出了人生的第二次选择：改学航空。他要把中国人自己的飞机送上蓝天。中国要建立自己的航空工业，建立起强大的空军。他要以自己的方式拯救多灾多难的祖国。

校门右侧的红楼是图书馆，那是钱学森每天必去的地方。他的毕业设计是蒸汽机车。所有人都以为他在查资料，完成毕业论文。其实不然，他的阅读很快就远离了他的专业。

后来，钱学森曾回忆起这段时光时说："那时对图书，特别是科技书，那真是如饥似渴。"他以一个学子的抱负在为自己的祖国寻找出路，他的目光聚焦在了航空上。他开始大量阅读飞艇、飞机和航空理论的书籍。他看了美国火箭创始人戈达德的书，还有英国格洛尔写的专讲飞机机翼气体动力学理论的书。尽管那时还没有完全读懂，但他已经在众多的书籍中找到了心愿所寄的领地或土壤，一颗激情饱满的种子已经在那片崭新的领地上默默孕育，发出鲜嫩的芽尖儿。

1933 年下半年，交通大学的外籍教师 H.E Wessman 开设了航空工程课程。钱学森立即抓住这个机会，选修了这门课程。钱学森就是钱学森，此生一贯的性格永不改变，一经选择，便全身心投入，更何况这些与航空专业密切相关的课程对他来说远非一般意义上的课程，除了心智之外他还加进了自己的意志和信念。孜孜不倦、刻苦钻研的结果是他两学期的平均成绩都在 90 分以上，在选修这门课程的 14 名学生中，成绩名列第一。

在这段时间里，钱学森不仅在课堂上求知若渴，而且也不再满足于教材里有限的知识。为了满足自己那渴望知识的头脑，他利用了所有的课余时间钻研航空和火箭方面的课外书籍，常常是夜不能寐、深思透悟。一旦有所参悟和发现，便把自己的见解写成文章。课程尚未修完，他的文章《最近飞机炮之发展》就已经发表在了 1934 年的《空军》杂志上。

1934 年 6 月，钱学森收到了交通大学黎照寰颁给他的奖状，上面写着："兹有机械工程学院四年级学生钱学森于本学年内潜心攻研，学有专长，本校长深为嘉许，特给此状，以示奖励。"这一年，钱学森被"精勤求学、敦笃励志、果毅力行、忠恕任事"这样的校训熏陶了四年后，顺利地从交通大学机械工程学院毕业。

学有所成，文凭到手，对一般人来说，已经是可喜可贺值得自豪的事情了。但面对四散而去的同学和即将告别的课堂，钱学森却觉着自己的心突然变得虚空了。他想要学习、掌握的知识似乎还没有学完，意犹未尽的学习过程怎么就突然中断了呢！学业至此，离自己立下的志向和理想还有多远的距离？离亲手造出自己的飞机还有多大的差距？这些也许只有钱学森自己心里清楚。显然，他并不满足此生就将脚步停留在只写出一篇小小的论文上，他更不在乎是否能靠一张文凭谋个职位，混碗饭吃。

此时，他站在人生的十字路口上，需要面对又一次庄重的选择。但这个选择对钱学森并不算难，他甚至都不需要有片刻犹豫。因为对这个问题他早已深思熟虑："我是交大的学生，交大是旧铁道部办的。别的大学，毕业生都是自己找职业，而交大的毕业生，都是由铁道部分配工作，所以都是有饭吃的。但是我们学习并不是只为了有饭吃，我们学习的目的，就是为了建设祖国，振兴中华。"

既然有这样的考虑，似乎也就只有"深造"一途了。当时中国的科技水平还不能支持自己最优秀的学子在航空专业上有更大的作为，只能借助外国的科技力量和教育来武装自己。交通大学毕业后，钱学森当即做出一个决定：去参加一个考试，争取拿到一个赴美国留学的机会，到美国去学习先进的航空知识，然后，回来制造中国人自己的飞机。

母亲章兰娟非常高兴。尽管当时的天气十分炎热，但是她执意要和丈夫一起到上海接儿子回家。南京、重庆与武汉并称中国"三大火炉"。可能是因为天气太热，再加上过度劳累，章兰娟回到杭州就病倒了。钱学森与母亲感情深厚，每年寒暑假他都要回到杭州方谷园陪伴母亲。母亲一病不起，钱学森心里很是着急。8月，他还得去南京参加清华大学留美公费生入学考试，他没心思温习功课，常常要在床前伺候病重的母亲。

钱学森要参加的这个清华大学留美公费生考试，如果通过了，就可以取得公费留学美国的机会。1900年，中国农历庚子年，义和团杀入北京，围攻各国使馆，八国联军借机攻占北京，慈禧太后弃都而逃，李鸿章被迫与西方列强签订了耻辱的《辛丑条约》。清政府同意向11国赔偿白银4.5亿两，并以各国货币汇率结算，按4%的年息，分39年付清，本息共计白银9.8亿两，这笔钱史称"庚子赔款"。1904年，中国驻美公使梁诚发现美国当年虚报军费，赔款多出了一倍。经过艰苦谈判，美国政府同意退还庚子赔款中超出美方实际损失的部分，但事实上已不可能再从美国直接拉回被骗走的真金白银，只能通过其他的方式予以补偿。1910年，经两国政府协商，决定将这笔钱用于落后的中国教育事业，创办"清华学堂"，即清华大学前身，并每年资助中国学生赴美留学。

当年，赴美留学的名额只有20个，全国各地的大学毕业生都想通过这个考试获取美国公费留学的资格。可想而知，竞争是多么的激烈！考试在南京的中央大学举行，钱学森就从上海乘火车赶到南京。

8月，正值酷暑，天气像着了火一样，高大的梧桐树叶子蔫蔫的。人们无处躲藏，手上都不停地摇着大扇子。街边人家的大门口放着装满水的大木盆，大人、小孩时不时地往身上淋着水。钱学森的考试科目有物理、微积分、热力学、机械工程，另外还有中文、英文以及第二外语，所有这些科目要在一天之内考完。钱学森身上的衣服湿了干，干了又湿。考试结束后，他一刻也没有停留，而是立即回到了方谷园。

10月，教育部公布了留美考试成绩。钱学森欣喜地获知他考上了清华大学留美公费生，专业是航空门（机架组）。钱学森如愿以偿。

如果说当年钱学森选择学铁路机械，立志建铁路，更多的是在"实业救国"愿景下描绘的济世救民理想，那么这次选择航空专业则是饱含着一腔对外敌入侵的愤慨和航空救国的豪情壮志。

恩重如山

当钱学森即将踏上远赴异国的求学之路时，隐藏在他身后的命运推手才真正显现在他的眼前。他踱步在熏风拂面的黄浦江边，用自己的双脚反复丈量着这片古老的土地，悉心感受着她的热度和所蕴藏的力量，重温、体味着来自这片土地的恩情和期待。

其实，钱学森的留美公费生的考试成绩并不太理想。不知道什么原因，或许是母亲当时病重使他思虑过度，一向擅长数学的钱学森，数学竟然不及格。但是他在"航空工程"这门课程的考试中，却得了87分的高分。

当时，在清华大学负责招生选派工作的是叶企孙教授，他是一位知名的物理学家，时任清华大学理学院院长。他是清华大学少有的伯乐，他指导和选派过多名留学生，后来大都成长为新中国各门学科的带头人。

叶企孙教授仔细研究了钱学森的试卷，看出了钱学森在航空工程方面下的功夫，也看出了这些功夫背后钱学森的人生理想。叶企孙教授决定破格录取钱学森。清华大学有着不拘一格选人才的优良传统：钱钟书在报考清华大学时数学不及格，仍被录取；吴晗两次考试数学都是0分，也仍被清华大学破格录取。

叶企孙教授 1898 年出身于上海的一个书香门第。1918 年毕业于清华大学。他本人就是留美公费生。先后就读于芝加哥大学和哈佛大学物理系，并获得哈佛大学哲学博士学位。他既熟悉美国的教育又独具慧眼，对招生选拔工作格外认真。叶企孙教授还是一位杰出的教育家，他亲自培养了我国一大批著名科学家，在 23 位"两弹一星"元勋之中，就有 10 位是他的学生。

如果没有叶企孙教授，钱学森的命运很可能会被改写，或者说，叶企孙是一个改变了钱学森命运的人。

按照清华大学的规定，凡选派出国的留学生必须由学校指派导师，补习一年的课程。叶企孙教授为钱学森聘请了三位中国顶级的航空工程专家，并组成了一个指导小组。这一年极为重要，这是从理想到现实，从理论到实践的关键一年。

钱学森的第一位导师是钱昌祚。

1934 年 11 月，钱昌祚曾致函清华大学校长梅贻琦，建议让钱学森进入麻省理工学院学习。麻省理工学院是钱昌祚的母校。钱昌祚先是安排钱学森先后到杭州中央飞机制造厂、南昌第二航空修理厂和南京第一航空修理厂参观学习。后来，又派钱学森到上海海军制造飞机处实习。这样的实践活动，一下子把钱学森脑子里的那些理论变成了实实在在的感性的认识。

在杭州的笕桥机场，钱学森第一次在停机坪上见到了真飞机，那是两架刚从法国进口的"布莱盖"侦察轰炸机。钱学森也第一次见到了他的导师，鼎鼎大名的飞机设计师王助教授。王助是我国近代航空工业奠基人之一，他在美国波音飞机公司的业绩让中国人感到骄傲。2006 年，胡锦涛主席访问波音公司，波音公司总裁向胡主席详细地介绍了王助对波音公司的贡献。他是波音公司第一位设计师，为波音公司设计了第一架飞机。

王助 1893 年出生于北京。1909 年，年仅 16 岁的王助便被清政府送到英国留学，1915 年转到美国麻省理工学院学习航空工程，并获得航空工程硕士学位。1917 年，王助来到波音公司，他改良设计出了乙型水上飞机，很快接到了美国海军订购 50 架的订单。由于美国的种族歧视政策，作为设计师的王助无法进入测试场地参与测试自己设计的飞机。这令他无法忍受，更不甘于苟且，1918 年 2 月，王助放弃了美国优渥的待遇，回到祖国。王助真正的职业成就在中国，他于 1919 年制造出中国第一架水上飞机。其后，又陆续设计制造出教练机、海岸巡逻机、鱼雷轰炸机等 15 架飞机。

王助对眼前这个即将赴美的年轻人很是喜爱，他反复叮嘱钱学森务必要重视工程技术实践和制造工艺问题。这也是钱学森在以后的科学实践中一直注重的一个问题。后来，钱学森在那张对他一生有重大影响的人物表中，在王助的名字旁边加了"经验设计"四个字。

之后，钱学森又来到南昌国民政府的飞机修理厂，接受导师钱昌祚的指导。钱昌祚是国民政府航空委员会技术处处长，1949 年 6 月去了台湾。完成南昌、南京两家国民政府空军的飞机修理厂的实习后，钱学森又到上海海军制造飞机处实习，结束后便回到了北京。

经历过人生的迂回曲折，钱学森最后还是来到了清华大学。当时的北京城虽古朴但很温馨，高大的银杏树、青砖砌成的四合院、熟悉的街景以及冰糖葫芦的叫卖声……一切都是陌生的，但一切都似曾相识，仿佛这座城市在过去和未来都必然要与他的生命发生深切的关联。

在清华大学，钱学森见到了叶企孙教授为他聘请的第三位导师——王士倬。

王士倬只比钱学森年长六岁，也是在美国麻省理工学院获得航空工程硕士学位的。1934—1935 年，他在清华大学设计建造了中国第一座风洞，是中国航天事业的先驱之一。让钱学森印象很深的是，王士倬给他们讲明代"万户飞天"的故事时，他的神情中洋溢着民族自豪感。新中国成立后，王士倬因为曾经担任过国民政府航空工业局副局长和中国第一航空发动机制造厂厂长而受到冷遇，并在后期的政治运动中也遇到了麻烦。但钱学森一直没有忘记这位老师。后来，经钱学森举荐，王士倬被聘为国务院参事。

这些导师的治学理念、实践经验、民族气节都潜移默化地对钱学森的人生选择和科学之路产生了重要影响。在他把自己的前途和命运放在"天下兴亡、匹夫有责"的大格局中去考量的时候，这些人生旅途中出现过的前辈、师长，无疑都成为他前行的力量、榜样和照亮前程的灯火。

这一年，钱学森一边实习，一边体会着航空技术的未来。1935 年 7 月，他在《浙江青年》上发表了一篇名为《火箭》的文章。他这样写道："在一个清朗的夏夜，望着繁密的闪闪群星，有一种可望而不可即的失望吧！我们真的如此可怜吗？不，决不，我们必须征服宇宙。"这篇文章中，他对火箭的原理、燃料、设计制造等问题进行了分析，提出了"三级火箭""火箭飞机""星际航行"等超前设想。这是他写下的飞天畅想曲。

这一年，钱学森 24 岁，他果然是一位惊世骇俗的科技天才！后来，火箭技术的发展都一一证明了他那些令人惊叹的畅想。

第二章　九天淬炼

艰难的告别

长江从唐古拉山脉一路向东，跌宕起伏，到了黄浦江段格局就完全打开了，它以更加接近海的姿态融入了大海。

黄浦江畔微风习习，这里不似市区街巷那般燠热。清代咸丰十年（1860年）这里就开始建起了码头，到了20世纪30年代，大大小小的码头遍布黄浦江的两岸，货船在江水中交错穿行，江面上的浪迹一道连着一道，繁忙的贸易滋养着"十里洋场"。

1935年8月20日，停泊在吴淞口码头的"杰克逊总统号"邮轮即将横渡广阔的太平洋，前往美国西海岸的西雅图。来自全国各地的清华大学留美公费生将搭乘这艘邮轮开启他们人生新的旅程，进入一个更加广阔的人生天地。

天边刚刚泛起曙色，已经有人群向码头这边聚集了。远行的人和送行的人既盼望着这一天，也在内心拖延着这一天。那些即将远渡重洋的留学生，此去可能就是几年甚至更久，难见故土和亲人。钱学森和父亲也是早早就来到了码头。父亲平日里言辞不多，此时更是沉默无语。就在不久前，父亲病倒了，还是胃部的老毛病。这些年，钱学森在外四处求学，都是父亲在百忙中对他关怀备至。如今学业有成，按理说已经到了养家糊口、反哺父辈的时候，自己却又要远走他乡。想到这些，钱学森觉得作为人子真是于心有愧。自从父亲生病以来，他几乎寸步不离地每天伺候在父亲身边，连早餐他都要亲自做好，送到父亲的房间。在情感上和心理上，他这是要弥补长期不能在父亲膝前尽孝的遗憾。

钱学森就要启程了。父亲执意要送儿子到码头。父亲早年东渡日本留学，就更能理解送别的意义了。从挥别的那一刻起，那些海外游子的内心就压上了一份沉甸甸的对亲人的思念和牵挂。每当夜深人静的时候，这份思念和牵挂也随之泛滥成河。

看着体弱多病的父亲，作为家中独子的钱学森心里隐隐作痛。钱均夫故作轻松，他想让儿子安心深造。他说："月华越来越能干了。"父亲说的这个月华，是个贫苦的农家女儿，11岁就被送到了钱家做帮佣。她心地善良，人很老实，手脚勤快，再加上钱学森母亲的细心调教，很会操持家务，和钱家相处得很好。后来，钱均夫将她认作了干女儿，她叫钱均夫为"爸"，叫钱学森为"森哥"。钱学森也只好将父亲托付给钱月华照料。她一直照料着钱均夫的生活起居，直到钱学森从美国回来。这时，她已经 37 岁了，也就在这一年才出嫁了。

钱均夫给儿子买了一台 Rolleiflex 相机。这款相机在当时已经是最好的设计相当完美，性能也很优良。钱均夫也许已经预感到了儿子的这次远行在时间上可能远远超出他们自身所能左右的归程，儿子已经走出了钱家。

中国有句古话："忠孝两难全。"作为父亲，他必然要承受这份对儿子的思念。照片和书信也许是他们未来唯一的交流方式。他叮嘱钱学森多寄信回来。钱学森在美国 20 年，就是用这台相机拍摄了近千幅照片，详细地记录了他在美国的点点滴滴，一张张照片跨越辽阔的太平洋成了战乱年代里父亲的唯一的慰藉。

钱学森和那些同行的留学生陆陆续续地登上了舷梯。上了船，他们都发现清华大学为他们预订的都是头等舱舱位。他们每个人的怀里还揣着清华大学发放的 520 美元经费。

他们即将开启非凡的人生。他们风华正茂、踌躇满志。每个人都代表着一个中国实业发展最需要的专业，每个人的肩上都压着寻找国富民强之路的时代重任。

"杰克逊总统号"邮轮在海上乘风破浪。这些中国留学生各自专业不同，即便是在清华大学有一年实训，也是在各自的专业导师指导下进行的。为此，他们彼此并不熟悉。漫长而单调的海上航行正是敞开心扉的好机缘。这趟长途旅行之后，很多素不相识的学子都成了好朋友，异国他乡的乡党、密友和后来事业上的伙伴。

9月3日，在海岸线上，西雅图渐渐露出轮廓。此时，这些学子之间已经结下了深厚友情，他们相约穿上西装，打好领带，站在甲板的栏杆旁合影留念。他们兴高采烈，互相招呼着、挤闹着，留下了一张张历史性的瞬间。同时，也定格了他们的朝气和理想。他们是那个时期中国未来的希望，在后来的五六十年里，他们中的许多人都在中国科学史上写下了灿烂而又光辉的篇章。

改学航天理论的选择

"杰克逊总统号"邮轮停靠在了西雅图。钱学森的行程还没有结束，他的目的地是波士顿的麻省理工学院。

他还要从西海岸的西雅图出发，经芝加哥，横穿美国全境，前往东海岸的波士顿。

9月4日，钱学森又开始了长途旅行。

钱学森选择的麻省理工学院是他在出国前实习的那一年由他的第一位导师钱昌祚和清华大学校长梅贻琦预先商量好的，这也是钱学森自己的首选。麻省理工学院被誉为"世界理工大学之最"，钱学森在国内实习时的两位导师王助、王士倬也都毕业于这所美国名校。

麻省理工学院始建于 1861 年，校园静谧而典雅，是精英聚集的地方。钱学森很快就适应了这里的生活和学习环境。在学业方面，大多数学生们都感到课业很重，但钱学森应对起来很从容。他在国内本科就读的交通大学教学模式就是按照麻省理工学院的模式设置的，所以，在这里他有一种无缝衔接的感觉，更确切地说是不费吹灰之力，他最初在麻省理工学院的学习十分轻松。

尽管钱学森的学习成绩很优秀，但是同学中还是有那么几个人看他不顺眼。走过他身边的时候，吹吹口哨，搞些小动作。这是那个时代中国人在国外经常会遇到的情况，因为中国还很贫穷、很落后，中国人经常会被看不起。对钱学森这样一位来自中国的学生，自负的外国学生要么是唏嘘着给予不恰当的同情，要么直截了当地露出鄙夷的神情，以此嘲笑中国的落后。

钱学森晚年回忆说："我年轻时也争强好胜。在麻省理工学院读书时，一个美国同学当着我的面耻笑中国人抽鸦片、裹脚、不讲卫生、愚昧无知等。我听了很生气，立即向他挑战说，我们中国作为一个国家，是比你们美国落后，但作为个人，你们谁敢和我比一比学期末谁的成绩好吗？"

事实很快就证明了钱学森的实力。一次考试，同学们都觉得很难，很多人不及格。有人就认为这是教授故意刁难他们，于是鼓动几个学生去找这位出难题的教授并提出抗议。当他们走到这位教授的办公室的时候，见门上贴着一份试卷，字迹工工整整，而且很流畅，可见答题的人是一气呵成，答案也很完美，这张试卷是钱学森的，教授给了一个"A"，右上角又加上了三个醒目的"+"。这几个学生面面相觑，只好悄悄地离开了。

正是凭着这股子要为中国人争口气的动力，钱学森在麻省理工学院只花了一年的时间，就取得了飞机机械工程硕士学位。在这一年里，他唯一的娱乐就是周末约几个好友，坐着一辆二手老爷车去看波士顿交响乐团的演出，通过这样的方式让内心的孤独和烦闷在音乐的旋律里得到消解。

一天，很多同学都在收拾东西，一个个兴高采烈地样子。这是要去干什么呢？钱学森很好奇，一问才知道，大家要去美国飞机制造厂实习。飞机机械工程专业实践性很强，仅仅靠学术钻研很难提升工作能力，实习是大家都很期待的实践机会。钱学森以为自己也要和同学们一同去实习，一边准备去收拾行李，一边在心里感到疑惑，为什么同学们都知道了，自己却不知道呢？正在这时，校方正式通知他，他要留在学校，不能参加实习。因为美方规定，只许美国学生去美国飞机制造厂实习，涉及军事机密和国家安全外国学生不能进入要地。

钱学森第一时间是感到气愤，他不由得想起他的导师王助在美国波音公司的遭遇。王助曾经是波音公司的总设计师，他设计制造的 B&W-C 水上飞机在进行飞行测试时，美国方面不允许王助进入测试场地，就因为他不是美国人。于是，正在事业巅峰的王助愤然辞职，回到了祖国。

钱学森提出抗议，但得到的答复是："你可以不学，回到中国去。"

显然，钱学森是不能选择回国的，因为他还没有完成学业。他在想，也许只有自己和自己的国家强大到不容小觑的地步，才能赢得更多的尊重，作为个人，才能为自己拓展出更大的发展空间。他只能选择准备、准备、再准备。钱学森很快平静了下来，所有的不良情绪都被他自己视为脆弱，他不断地告诫自己，现在需要的唯有冷静、理性与自强。

这个事件之后，他果断决定，改变自己的专业方向，进而研究航空理论。理论是基础，也是支撑实践的内在力量。纯理论的研究和探索可以减少对实践的依赖，更加适合一个人去突破。

钱学森写信给父亲，告诉他自己的想法，父亲马上就给他写了回信。父亲在信中说："重理论而轻实际，多议论而乏行动，是中国积弱不振的一大原因。国家已到祸迫眉睫的重要关头，望儿以国家需要为念，在航空工程上深造钻研，而不宜见异思迁。"

钱学森捧着这封信，悲愤交加，热泪盈眶。他一面为美国在科学精神面前表现出的狭隘感到愤慨，一面为父亲一片赤诚的爱国情怀所感动。正在这时，父亲的好友蒋百里来看他，蒋百里说："我们中国早晚要有自己的航空专家，从长远考虑，你的选择也是正确的，你爸爸的想法不用担心，我会做通他的工作。"就这样，钱学森开始心无旁骛地谋划起自己的长远规划。

当时，美国的航空理论研究中心不在麻省理工学院，而在洛杉矶的加州理工学院。那里的冯·卡门教授是航空理论研究的权威。

冯·卡门是钱学森列出的那17位对他影响至深的人物中唯一一位外国人。

冯·卡门是犹太人，出生在匈牙利。他是一位科学奇才，极具数学天赋。

1908年，飞行家法尔芒在一次飞行结束后，遇到了站在人群中看热闹的冯·卡门。冯·卡门从人群中挤过去，与法尔芒之间进行了一段精彩的对话。

冯·卡门对法尔芒说："我是研究科学的。曾有一位伟大的科学家用他的定律证明了比空气重的东西是绝对飞不起来的，您怎么……"

还没等冯·卡门把话说完，法尔芒已经猜到了冯·卡门是要说什么，便打断了冯·卡门的话，幽默地回答他："是那个研究苹果落地的人吗？幸好我没有读过他的书，不然，今天就不会得到这次飞行的奖金了。我只是个画家、赛车手，现在又成了飞行员。至于飞机为什么会飞起来，不关我的事，您作为教授，应该研究它。祝您成功，再见！"

回家的路上，冯·卡门坐在疾驶的车里久久地沉思。他对旁边的人说："看来伟人的话也不一定都对。现在我终于决定我今后的一生该研究什么了。"

冯·卡门拉住旁边同行的人的手伸出车窗外，顷刻间有一股凉风吹过手面，他说："我要不惜一切努力去研究风以及在风中飞行的全部奥秘。总有一天我会向法尔芒讲清楚他的飞机为什么能上天的道理的。"

正是这次参观，把冯·卡门引上了毕生从事的航空航天空气动力学研究的道路。当时，冯·卡门的老师是哥廷根大学现代流体力学开拓者路德维希·普朗特教授。他是近代力学奠基人之一。就在那一年，冯·卡门得到普朗特的真传，顺利完成学业，获得博士学位，并全身心投入到了空气动力学的研究工作中。

1911年，也就是钱学森出生的那一年，冯·卡门归纳出钝体阻力理论，即著名的"卡门涡街"理论。这个理论大大改变了当时公认的空气动力原则，成为飞机、船舶和赛车设计的理论基础。1930年，冯·卡门又发表了湍流理论。

二战时期德国法西斯对犹太人大开杀戒。生存是其他一切的前提，冯·卡门被迫离开德国，移民美国。

钱学森事先没有和冯·卡门联系，也没有找任何人为自己做推荐，而是带好全部行李，再一次横穿美国大陆，直奔洛杉矶东北部的帕萨迪纳。加州理工学院就坐落在那里。在钱学森的心里，冯·卡门教授是他唯一的选择，加州理工学院也是他唯一的选择，他没有给自己准备备选的第二方案。他选择了自荐。

来到加州理工学院后，钱学森才给冯·卡门写了一封求见信。

在冯·卡门晚年的回忆录中，他是这样描述与钱学森的第一次见面的，他写道："1936 年的一天，钱学森来看我，征询关于进一步进行学术研究的意见。这是我们第一次见面。我抬头看见一位个子不高、仪表严肃的年轻人，他异常准确地回答了我所有的问题，他思维的敏捷和富于智慧，顿时给我以深刻印象，我建议他转到加州理工学院来继续深造。"

就这样，55 岁的冯·卡门成为 25 岁的钱学森的导师。同时，也开启了影响他们各自一生的友情与合作。

浓厚学风的濡染

加州理工学院创立于 1891 年，是私立研究型精英学府的典范。校园占地面积只有 50 多公顷，以"小而精、小而美"著称。时至今日，全校学生也只有 2000 多人，教授 300 多人，学者 600 多人。据统计，到 2022 年 8 月，加州理工学院校友共获得 78 项诺贝尔奖。

科学是加州理工学院的灵魂。这里充满着追求真理，献身科学的学术氛围。著名物理学家爱因斯坦、费曼、霍金、波尔、密立根、盖尔曼，著名的天文学家哈雷，遗传学鼻祖摩尔根都曾在这里执教。

加州理工学院给钱学森带来了完全不同的感受，冯·卡门身上仿佛附体着科学精神的魔力。

他问他的学生们："你们的 100 分标准是什么？"

大家异口同声地回答："当然是全部题目都答得准确。"

冯·卡门说："我的标准跟你们的不一样，因为任何一个工程技术问题根本就没有 100% 的准确答案。要说有，那也只是解决问题和开拓问题的方法。如果一个学生的试卷对试题分析仔细、重点突出、方法对头，且有自己的创新，但却因个别运算疏忽，最后答数错了，而另一个学生的试卷答数正确，但解题方法毫无创造性，那么我给前者打的分要比后者高得多。"

在冯·卡门身边，钱学森就像一条鱼找到了适合于自己的海洋，他感到了顺畅、自由，他的思维变得非常活跃。钱学森感到"一下子脑子就开了窍"。

钱学森说："在这里，拔尖的人才很多，我得和他们竞赛，才能跑到前沿。这里的创新还不能局限于迈小步，那样很快就会被别人超过。你所想的、做的要比别人高出一大截才行，你必须想别人没有想到的东西，说别人没有说过的话。"

这里的学生们学习十分刻苦。有个学生曾经说过："最遗憾的事情就是，题才解了一半儿，抬起头，望向窗外，太阳出来了。"老师常常留给学生们大量的思考和练习，如果一个人做常常是完不成的，学生们会分成学习小组，每个人依据自己的兴趣分头解题，大家一起讨论，结果一起共享。这种模式也是学校倡导的。加州理工学院的校徽就是两只手和一支火炬，象征着自由与互相扶持。

就读加州理工学院之后，钱学森在学业上加大了力度，他每天花在阅读文献上的时间超过 10 个小时，不再有从前的轻松感。生活上，因为没有太多的时间去关注，继而也过起了苦行僧般的日子，对生活上的简单和艰苦似乎也就习以为常了。这段时间，他除了认真完成导师给他布置的课题之外，还到处搜集全世界与航空有关的研究资料，无论是英语的、德语的，他都挤出时间全部系统地研读了一遍。知情人都明白，他这是在独自向专业的纵深挺进。

每天上午，冯·卡门带着钱学森他们这个团队坐在一起进行讨论，大家争得面红耳赤是常事。下午各自回去查资料，做整理，进一步丰富自己的论点，往往忙到深夜。第二天上午又继续讨论。钱学森思维敏捷，性情坦率。他的表现常常引起冯·卡门特别的注意。

一次，钱学森介绍完自己的论文，一位看上去德高望重的老教授对他的观点提出了异议，钱学森立即进行了论证，老教授继续反驳，两个人争辩起来。会后，冯·卡门问钱学森："你知道刚刚和你争论的那个人是谁吗？"钱学森摇摇头。冯·卡门说："他就是大名鼎鼎的力学权威冯·米赛斯。"钱学森有些尴尬，冯·卡门亲切地拍拍他的肩，笑着说："我认为你的意见是对的，在这个问题上我支持你！"

钱学森和冯·卡门之间也曾因见解不同而起过争论。一次，钱学森提出了一个学术观点，冯·卡门看后并不同意，钱学森一再坚持，两人争辩起来，最后，冯·卡门一气之下把文稿扔在地上，两人不欢而散。直到第二天一早，冯·卡门在办公室见到钱学森给他深深鞠了一躬，说，"我昨天一夜没睡，我想你是对的。"

科学真理给了钱学森坚持的勇气。

物理学家保罗·爱波斯坦和冯·卡门有过一段对话。

保罗·爱波斯坦问冯·卡门："您的学生钱学森，在我的班级里才华出众，难道他也像你一样，有犹太血统吗？"

冯·卡门没有回答，并开心地笑了起来。

加州理工学院的校训是：真理使人自由。在加州理工学院学习和生活的这段时间里，钱学森对自由、开放、充分的交流有了深刻的体会，他的内心得到了洗礼与成长，也锻炼了他严谨的思维习惯和逻辑能力，以及重视诚信、互助和尊重他人的行为准则。

课外活动

冯·卡门的学生中有一位波兰小伙子，名叫马林纳，是学航空工程的研究生。他兴趣广泛，对火箭情有独钟。1936年2月，他和另外三位火箭迷组成了"火箭俱乐部"。这四个人各有所长，马林纳和史密斯是航空工程研究生，负责总体设计，帕森是学化学专业的，负责制造火箭燃料，福尔曼则擅长机械制造。

钱学森到加州理工学院后，分到一间小实验室，这间实验室是他和史密斯共用的。这样，他和史密斯的交往就多了起来。史密斯知道钱学森的数学功底很好，就经常请他帮忙解决一些他们在研制火箭中遇到的理论和计算问题。往来渐多，史密斯索性就征求了钱学森的意见后把他拉进了"火箭俱乐部"。这几个年轻人对科学研究，特别是对火箭研究情有独钟，他们都是学生，而且各个才华横溢。火箭的研制需要大量资金支持，他们唯一缺少的就是资金。

这个时候，阿诺德出现了。他是气象系的研究生，是个摄影爱好者。他整天围着"火箭俱乐部"这几个人转，像个编外成员。他只是希望在火箭成功发射时能够让他拍下壮观的画面。为此，他决定赞助"火箭俱乐部"1000美元作为启动资金。

过了几天，阿诺德拿着一个旧报纸包来找马林纳，马林纳打开一看，整整 1000 美元，其中好多是一美元面值的。这在当时可是一笔大数目。有了这笔钱，五个小伙子便开始了设计并制造火箭的实践。他们从附近工厂的废料堆、垃圾站找来一些废旧材料，敲敲打打地干了起来。

钱学森来美国就是学航空的，他自然对火箭也极有兴趣。他回忆说："那时候，吃过晚饭之后，就夹着计算尺和笔记本到马林纳家里，回到住处常常已经是深夜了。"

从 1936 年 10 月至 1937 年 1 月，火箭俱乐部进行了多次试验。这期间，钱学森正紧张地做着他的关于空气动力学的博士论文。1937 年 5 月 29 日，钱学森把他在"火箭俱乐部"的理论研究和探索写成了一篇论文，文章虽然不长，但这是钱学森从事火箭研究的开山之作，也是"火箭俱乐部"研制火箭的理论基础，马林纳他们几个人视钱学森的这篇论文为"圣经"。

冯·卡门教授深深地懂得，在科学的道路上，勇于创新和勇于探索的精神是多么难能可贵。五个学生自发组织的"火箭俱乐部"得到了冯·卡门教授的支持。从 1937 年起，"火箭俱乐部"成为加州理工学院古根海姆航空实验室下属的一个课题组，他们被允许利用古根海姆航空实验室的设备开展研究工作。

当时的火箭研究纯属从零起步，不论是制作还是试验，都缺少理论依据，也没有现成的研究结果可以借鉴。他们的实验条件很简陋,加之没有专业的防护,是一件很危险的事情。最初,他们连续遭遇了两起事故,一度陷入困境。一次是一瓶四氯化碳被打翻,难闻的气味招来很多指责。一次是他们做成了一支 8 英寸长的小火箭,吊在实验室的屋顶进行试验,火箭喷出红褐色的气体和泡沫,把实验室弄得一片狼藉。这件事在全校引起了轰动,有的同学取笑他们是"自杀俱乐部"。

但接下来的两件事情,又使他们的处境发生了戏剧性的反转。

第一件事是 1938 年 1 月,第六届全美航空科学协会年会将在纽约召开,钱学森他们几个火箭课题组的人都很兴奋。马林纳、史密斯执笔,钱学森计算,他们共同完成了一篇论文,论文的题目是《探空火箭的飞行分析》,该论文从理论上证明了火箭的飞行高度可以达到 10 万英尺。冯·卡门十分欣赏这篇论文,他给了马林纳 200 美元,让他去纽约参加这次年会。会上,这篇论文引起强烈反响,美国许多媒体争相报道"火箭俱乐部"的传奇故事。马林纳回到加州理工学院后,他和"火箭俱乐部"的成员一度成了校园明星人物。

第二件事是 1938 年秋天,冯·卡门教授从美国陆军航空兵署带回了"JATO"计划,即重型轰炸机研究火箭。对这个项目,马林纳产生了强烈的抵触情绪,他酷爱绘画艺术,是个理想主义者,极不情愿把火箭用于军事目的。他说:"我们不做军火商。"但是,没有经费支持,火箭的研究也就成了泡影。1939 年 1 月,美国科学院拨款 1000 美元启动"JATO"计划。

美国国防部阿诺德将军实地考察了加州理工学院火箭课题组，对这个课题组的研究能力给予了肯定，美国军方将"JATO"计划的经费增加到了 10000 美元。

冯·卡门教授亲自主持研究工作，每周召开一次研讨会，五个人分别汇报自己的设想，他们在一起讨论、纠错、补充，技术难题一个个被攻克。1939 年 3 月，他们做了一次试验，但火箭爆炸了。让马林纳感到庆幸的是，一块金属碎片飞向他平常坐的椅子时，幸好他没有坐在那里。爆炸声再一次惊动了整个校园，从此校方明令禁止了这种危险的试验。

年轻人的热情是不会在乎禁令的。他们不得不把目光转移到校外，寻找更合适的地点。校园几千米外是荒凉的阿洛约·塞科山谷，那里有一片干涸的河床。他们就选定那里作为他们的试验基地。

他们在这个基地和校园间不停地奔波着。终于，那里的一片空地上竖起了火箭发射架，点火后，一枚火箭升入天空，姿态轻盈而优美地飞行了一分钟。他们成功了，这是他们第一次发射成功，尽管那是一支小小的探空火箭，但毕竟向天空迈出了第一步。

阿洛约·塞科山谷，如今是著名的美国宇航局喷气推进实验室的所在地。五位小伙子后来被推崇为美国研制火箭的元老。钱学森也因为这段经历成为了喷气推进实验室的创始人之一。

直到 1950 年，钱学森才知道，马林纳是美国共产党党员。

在美国麦卡锡主义盛行时期，美国共产党遭到迫害。钱学森因为和马林纳是好朋友，头顶上开始笼罩起"怀疑的乌云"。

"卡门－钱近似"公式

冯·卡门是当时世界空气动力学的权威，在他的指导下，钱学森很快从众多的学生中脱颖而出，成了冯·卡门的助手。

空气动力学作为力学的一个分支，是航空工程的基础理论。航空要解决的首要问题是如何获得飞行器所需要的举力，减小飞行器的阻力和提高它的飞行速度，这是空气动力学要研究和解决的关键。

对于科学的探索者来说，他们眼前永远有一片神秘的丛林在等待着他们去靠近、去探索。

钱学森走进空气动力学这片丛林的时候，正是世界航空工业大转折的时代。老式的螺旋桨飞机正向喷气式飞机发展。1939年8月27日，世界上第一架喷气式飞机试飞成功，成为世界航空史上的划时代的事件。未来的喷气式飞机势必向"亚音速""超音速"方向发展，以往的空气动力学规律显然是落后了。

要想提高喷气式飞机的速度，必须突破两个难题。一个是，当飞机的飞行速度提高到亚音速时，气体的可压缩性对飞行器的性能到底有什么影响，他们之间的定量关系是怎样的？另一个是，如果想把飞机的飞行速度进一步提高到超音速，应该采用什么样的最富有成效的理论指导和技术设计才能实现？

冯·卡门把这两大难题交给了钱学森，并告诉他："这就是你的博士论文选题。"

钱学森明白这意味着什么。如果这两个困扰人类飞翔梦想的堡垒不能被他攻克，他将是一个失败者，他也将无法拿到博士学位。另外，他更找不到一个合理的理由去放弃这个前人从来没有抵达的科学技术高峰。

冯·卡门好像看透了他的心思。他凝视着眼前的钱学森，神情是那么平静，那么不容置疑。他的眼睛里充满信任、厚爱和温暖，好像也在暗示钱学森：我与你同在。

钱学森很快意识到这是一份来自冯·卡门的信任。此刻，钱学森更愿意相信冯·卡门的相信。这不是一个一般性的博士论文选题，冯·卡门交给他的是去突破和攻克制衡人类飞行速度的难题，他的理论深度将决定人类飞行的速度。以冯·卡门的智慧他是不会把这个课题交给一个可能失去效率使宝贵的时间白白浪费掉的研究者手里的。

钱学森深深地吸了一口气，仿佛要从这虚无的空气中吸取开疆拓土的勇气和力量。从此以后，他将与两个在科技丛林里从来没有出现的魔兽鏖战，一个是"亚音速空气动力学"，一个是"超音速空气动力学"。

整整三年时间，钱学森几乎将生命的全部能量都用于对付这两个课题。有时，他能占据上风，攻城略地；有时，他被撕咬得遍体鳞伤，抬不起头来，甚至怀疑自己的能力；还有时，就是势均力敌的僵持，长时间对峙，既不能进，也不能退。

1939年，钱学森终于完成了《高速气体动力学问题的研究》等4篇博士论文。《非线性弹性力学》论文手稿就有800多页。后来，钱学森曾对他的学生说："不流大汗，不受大累，仅凭一点小商小贩的小聪明是做不出来的。"他说自己在写博士论文的时候，曾经把能找到的空气动力学文献都仔细研究了一遍，这些文献有英文、法文、德文、意大利文等文种，共计200多篇，仅阅读笔记就写了450多页。

钱学森博士论文中重大成果是"热障理论"和"卡门－钱近似"公式。"热障理论"是指飞机在高速飞行时，其表面气流温度很高，会使金属外壳强度降低，甚至熔化。因此，在设计高速飞机时，必须对飞机表面采取有效的防热或冷却措施，才能持续高速飞行。"卡门－钱近似"公式是一种计算高速飞行着的飞机机翼表面压力分布情况的公式，后来被世界各国广泛应用于超音速飞机设计与制造。

冯·卡门深感欣慰。他说："钱的这种天资是我不常遇到的。""钱学森跟我一起解决很多数学难题,他想象力极为丰富,不但数学能力强,而且善于观察自然现象的物理性质,在若干相当困难的题目上，他都能帮我厘清观念，他的天赋卓越，实在难能可贵，我们顺理成章成为亲密工作伙伴。"

1939 年 6 月 9 日，钱学森获得加州理工学院航空和数学的双博士学位，第一次显示了他在科学研究领域的惊人才华、顽强毅力和科学精神。同时，也奠定了他在空气动力学上的地位。这一年他 28 岁。

他的伙伴们为他举办了一次小型宴会，他弹起了吉他。仰望着浩瀚的星空，群星闪烁，人是那么渺小，人的一生又是那么短暂。什么才是人生的真正意义？这时，他想起了久别的亲人和祖国。其实，自从踏上异国土地的那一刻起，钱学森没有一天忘记过他远渡重洋来到这里的目的，更没有忘记那些远在太平洋彼岸的亲人和战火中的祖国。

他的内心难以言说。

从此，冯·卡门教授给他安排的研究工作越来越多，他肩上的担子也越来越重。

当时有一个世界性的难题。那时全金属外壳飞机代替木质结构成为设计主流，为了减轻飞机重量，外壳要尽量薄，但过薄一旦压力过大，外壳又会褶皱，这就是"结构屈曲"。因此，飞机设计人员需要精确地知道金属薄壳到底在多高的速度时能够承受多大的压力。冯·卡门又把这个难度很大的力学问题交给了钱学森。

钱学森反复推演，直到第五次才得到了一个满意的结果。他的脸上露出了久违的笑容。定稿的论文《柱壳轴压屈曲》

才 10 页，但桌上的草稿一大堆，估算了一下，至少有 700 多页。钱学森把这些草稿装进一个信封，随手写上了"Final"（最终成果）。这一刻他是轻松的，他又攀登上了一座山峰，他是一个征服者，他内心的满足和喜悦已经冲淡了一路的艰辛。然而，他的眼前仍然是峰峦叠嶂。他又在信封上写下了"Nothing is final"（凡事皆无止境）。

1938 年 7 月，钱学森成为加州理工学院航空系研究员，这也意味着他成为了这所世界名校教师队伍中的一员，他与冯·卡门的关系由师生转换为同事。

1940 年初的一天，钱学森收到了一封来自祖国的信。那不是父亲的笔体。他的直觉告诉他，这一天应该到来了。

来信人是他清华大学的导师王助，字里行间，情真意切，希望他回国工作。按照当时清华大学留美公费生的规定，在美国的学习期限不得超过三年，他已经在美国五年了，他的学生签证也即将到期。

钱学森开始盘算回国。

冯·卡门得知这一情况后，很激动，五年来，钱学森早已不是他的学生，而是他亲密的合作伙伴。1940 年 4 月 20 日，冯·卡门教授给王助教授写了一封信，信上说："本人绝无耽误钱先生为国尽忠的意图，我认为钱先生回国前，若能在航空工程与航空科学等领域再多做些研究，对他个人和中国都会更有帮助。他在高速气体动力学和结构学方面已有可观的成绩，我们目前正致力研究浮筒与船舶的流体力学，这是个很重要的题目，贵机构想必也很需要一位熟悉海平面流体力学的人才。基于以上观点，本人建议钱先生在加州理工学院多留一年，当然，他的工作能力与愉快合群的个性也令人激赏，请相信本人作此建议绝非出于自私的动机。"

这是冯·卡门和王助两位科学巨匠之间的交流，是基于科学研究上的话语体系。

就这样，钱学森作为冯·卡门的亲密合作者，继续留在了加州理工学院古根海姆航空实验室。

喷气推进实验室

世界总是风云变幻。人类的历史一直有战争相伴，战争是解决纷争的最暴力手段。战争关系到国家的存亡、民族的兴衰、社会的发展以及人类的安危。

1941 年 12 月 7 日，日本偷袭美国珍珠港军事基地，美国对日本宣战，正式介入第二次世界大战。

美国总统罗斯福是美国历史上的传奇。1921 年，39 岁的罗斯福刚扑灭一场山火，就跳入冰冷的海水中，因脊髓灰质炎罹患下肢瘫痪，开始了他的轮椅人生。1928 年他重返政坛，1932 年成为美国第 32 届总统，此后连任四届。在 1929—

1933 年，世界经济大萧条期间，罗斯福推出新政，把美国从经济危机的深渊中挽救了回来。

1939 年 8 月 2 日，爱因斯坦给罗斯福总统写了一封信，他写道："在不久的将来，铀元素会变成一种重要的新能源，它也可以用来制造出极具威力的新型炸弹，而德国在这方面有可能采取先发制人的行动。"

罗斯福总统敏锐的洞察力使他果断决定按下原子弹研究的启动键，这就是"曼哈顿计划"。

加州大学伯克利分校的物理学家奥本海默成为"曼哈顿计划"的首席科学家。1943 年 4 月，奥本海默建立实验室，6000 名方方面面的科学家加盟这一实验室，27 个月之后，成功研制出世界上第一枚原子弹。奥本海默被誉为"美国原子弹之父"。

战争点燃了人类嗜血的天性。

罗斯福总统的关注点没有仅仅停留在原子弹上，有了原子弹的爆炸威慑力，接下来还需要考虑如何才能让原子弹打得更远、更精准。于是，他又把目光移向了火箭和导弹。

冯·卡门教授再一次被召集。他是美国科学界的另一张"王牌"。研制导弹的重任就落在了冯·卡门的肩上。这时候的钱学森已经成为冯·卡门教授离不开的左膀右臂。为了尽量留住钱学森，1941 年 8 月，冯·卡门教授把钱学森在美国的居留身份由原先的学生改为访问学者。

那个充满了理想主义色彩的"火箭俱乐部"被冯·卡门

更名为"喷气推进实验室"，钱学森负责推进组，同时参与弹道组的工作。1942 年 4 月，装有火箭助推装置的重型轰炸机试飞成功，这是美国实际应用火箭的开始。

这一年，"火箭俱乐部"又重组成了航空喷气通用公司。冯·卡门教授任总经理，钱学森成为公司的顾问。"火箭俱乐部"的成员纷纷入股。后来，公司化运营的航空喷气通用公司成为美国军方的大承包商，开始接受来自美国空军研究委员会、作战部、兵工局的订单，为他们设计、制造新式的航空火箭武器。

这种带有火箭助推起飞装置的重型轰炸机在很短的跑道或航空母舰上就能起飞。在第二次世界大战中，很快就在美国空军中被广泛应用。公司的股票大涨，最初入股的人都得到了一大笔钱。有人劝说钱学森一起入股，但被钱学森拒绝了。因为他已决意回国，回国的时间只是迟早的事情，他不想与美国公司有任何经济瓜葛。

航空喷气通用公司还接受了培训美国现役空军和海军军官的任务。钱学森担任教员，为他们讲授工程数学原理和喷气推进原理。尽管如此，按照美国规定，钱学森作为外国人是不能参加涉及军事机密的研究工作的。1942 年 12 月 1 日，在冯·卡门教授的推荐下，经过美国宪兵总司令部人事安全部门严格的审核，钱学森获得了安全许可证，获准参加海陆空三军、国防部、科学研究发展局等的一切军事机密工作。从此，钱学森进入了美国军事科研核心领域，特别是火箭研制的核心层。

　　当时，火箭已成为第二次世界大战中克敌制胜的新型秘密武器。德国在火箭研制工作中进展迅速，这让美国军方坐立不安。

　　冯·卡门教授预感到，必须建立新的大型火箭实验室才能设计出射程更长的火箭。他的想法得到了美国五角大楼的认可。随即，美国陆军参谋长马歇尔给加州理工学院拨款300万美元，扩建喷气推进实验室。就在当年"火箭俱乐部"进行实验的阿洛约·塞科山谷，大型喷气推进实验室破土动工，这里成了军事禁区。研究小组由4个增加到了9个，钱学森担任研究分析组负责人。

　　这时候的钱学森已经是有相当造诣的科学家了，他的工作重心还是在理论研究上。他详细研究了美国情报部门送来的德国导弹情报，撰写了《喷气推进》一书，这是美国首部全面系统论述喷气推进原理和导弹性能的著作，也是美国空气动力学研究生和军事工程师的必读教材。

　　1941—1942年，中国学者钱伟长、郭永怀、周培源等先后来到加州理工学院学习，他们也参加了喷气推进实验室的工作，从事弹道分析、燃烧室热传导、燃烧理论等研究。这段时间是钱学森在美国的一段比较愉快的时光，身边多了一些志同道合的同胞，他们经常在一起聚会。

　　1944年1月，喷气推进实验室开始实施美国陆军炮兵部的绝密计划"ORDCIT"，即加快实战火箭的研制。"列兵A"

导弹、"列兵 F"导弹、"女兵下士"火箭相继研制成功，美国有了可用于实战的导弹武器。钱学森在火箭和导弹的研制过程中，屡次表现出了卓越的才华，冯·卡门称赞他是"美国火箭技术领域最伟大的天才"。

科学技术是把双刃剑。它一方面带领人类走出愚昧和落后，另一方面也可能给人类带来无尽的灾难。

第二次世界大战中，不但使用了大量的火炮、坦克、飞机、军舰等现代化武器装备，还首次使用了导弹、原子弹，战争从热兵器时代发展到了机械化时代，战争的空间由陆地、海洋扩大到天空，战争的破坏性、残酷性在人类历史上也是绝对空前的。

罗斯福是一位不折不扣的政治家。他在任期间颁布的《租借法案》使美国成了世界兵工厂，成了同盟国主要的军火供应商，军火生意奠定了美国的财富家底和成为世界强国的物质基础。

1945 年 4 月 12 日，罗斯福在佐治亚州的温泉因突发脑溢血去世，在临终那天他写下了这样一句话，"唯一阻碍着我们实现明天目标的就是对今天的疑虑"。

发现 DNA 双螺旋结构的詹姆斯·沃森说过："科学极少会像旁观者想象的那样，以合乎逻辑的方式一直向前发展。恰恰相反，科学的进步（有时则是倒退）往往体现为一系列的人为事件。"

人类的战争成为科学的催化剂。前方的战火如火如荼，后方的武器研制紧锣密鼓。

　　加州理工学院的喷气推进实验室一直肩负着研制火箭和导弹的任务，很多学者在这里夜以继日地工作着。为实地了解德军用火箭攻击英国的情况，马林纳不顾个人安危，从洛杉矶飞往战火纷飞的伦敦，对德国的火箭实战能力进行实地考察。

　　钱学森一直没有中断过他的理论研究。火箭和导弹研制是技术密集型的工作，他向冯·卡门建议成立一个学会来促进喷气推进技术研究。

　　1944 年 12 月 1 日，冯·卡门被任命为美国国防部科学咨询团负责人，这个组织的任务是评价航空科技研究和发展的趋势，为美国军方提供有关科学技术事务的特别报告。冯·卡门担任这个职务长达 11 年，直至 1955 年。

　　冯·卡门向美国国防部推荐钱学森加入他负责的科学咨询团。他说："我的朋友钱学森，是我向美国国防部推荐的专家之一，他 34 岁时已是一位公认的天才，他的研究工作大大推动了高速空气动力学和喷气推进技术的发展。"

　　1944 年底，钱学森从洛杉矶飞往美国首都华盛顿，参加美国国防部空军司令部科学顾问团的工作，工作地点是美国国防部所在地——五角大楼。虽然钱学森是外国人，但可以佩戴金色证章出入五角大楼，而这枚金色证章正是参与美国最高军事机密的通行证。同时，钱学森还获准出入华盛顿秘密高层指挥中心。

赴德国考察

在第二次世界大战快要接近尾声的一天，一份文件摆在了钱学森的面前。

这是五角大楼拟定的一份名单，第一位就是冯·卡门，钱学森是其中的成员之一。这是一个秘密调查组，所有成员都被要求随时做好准备，前往德国。

当时火箭技术最领先的是德国，钱学森预感到这将是一次难得的学习机会。就在准备出行的几天里，钱学森捡起了德语。上高中二年级的时候，他曾经选修过第二外语，就是德语。当时选择学德语，就是因为德国当时的科技水平在欧洲居于领先地位。

在第二次世界大战中，美国总统罗斯福一直展现着他作为政治家的雄才伟略。

在盟军和苏军同时向德国逼近的时候，罗斯福认为，人才比领土更重要。他作出指示，在攻入德国本土后，务必设法网罗德国的火箭人才。这就是美国情报局神秘的"回形针行动"。因为一堆纸片被风一吹就会散落一地，但有了回形针，就会夹住纸片，而这个回形针就是指德国火箭专家冯·布劳恩。

二战时期的苏联，一样目睹了德国火箭隔着宽广的英吉利海峡对伦敦的轰炸。他们也一样意识到了火箭技术、导弹技术在战略上的重要意义。他们的目标也是冯·布劳恩。

冯·布劳恩是德国纳粹党员，德国 V-1、V-2 火箭的总设计师。但是，他说，他研究火箭的目的是宇宙旅行，他强烈反对把火箭用于战争。为此，他因"叛国罪"被捕入狱，两周后他不再坚持原来的观点被释放，但他仍处于盖世太保的监视中。

在德国中部的哈尔茨山区的密林深处，隐藏着德国的火箭生产基地诺德豪森。这个基地在冯·布劳恩的指挥下，从 1944 年 8 月至 1945 年 2 月，生产了 3000 多枚 V-2 火箭。按照美英和苏联划定的双方军队占领德国的版图，哈尔茨山区属于苏占区。然而，1945 年 4 月 11 日，美国按照一贯的行事原则，以结果为导向，不顾事先约定，抢先在苏联之前进入诺德豪森市。美军从诺德豪森的地下工厂运走了 300 个车皮的物资，包括大批图纸、资料，还有已经造好的 100 枚 V-2 火箭，以及制造火箭的设备。这里的 492 名德国导弹专家和 644 名家属都被押上了美军的军车。六个小时后，苏军赶到，美军留给他们的是一片废墟。

美国和苏联都没有发现冯·布劳恩。

此时的冯·布劳恩正在慕尼黑附近的一个小镇喝着啤酒，和冯·布劳恩在一起的还有一批德国火箭精英。他们早就被转移到了这里。这批火箭精英的敏感不仅表现在对科学的探索上，而且还表现在了对战争气息的觉察和判断上。1945 年 5 月 2 日，包括冯·布劳恩在内的 126 名德国火箭精英，以"识时务"的视野，集体背叛纳粹，投靠了美国。

1945年4月，34岁的钱学森作为冯·卡门的主要助手，随空军科学顾问团一行飞赴战火纷飞的德国考察。顾问团共36人，冯·卡门是团长。钱学森一身戎装，配美军上校军衔，戴上美军的船形帽显得格外英俊。

美国空军科学顾问团到达德国后，第一站直奔德国小城布伦瑞克。在布伦瑞克附近的浓密松林里，有一片军事禁区，被一道高高的通电铁丝网围着，气氛阴森。禁区内分布着56幢7层楼房，那些建筑物都被漆成绿色。通过侦察机从空中俯瞰，这里仍是一片绿意葱郁、充满自然风光的原始森林。戈林空气动力学研究所就隐藏在这里。戈林是德国空军司令，这个研究所直属戈林。

钱学森不想浪费一分一秒。他仔细检查着高速风洞、实验室和所属工厂，一边看一边做着详细的笔记。美国空军科学顾问曾经从这个研究所里查获了300万份秘密研究报告，重达1500吨的成套仪器，这些已全部运回了美国。

在德国期间，冯·卡门以美军少将的身份和钱学森一起审讯了普朗特。普朗特是世界公认的近代流体力学奠基人，有"空气动力学之父"的美誉。他还是冯·卡门的导师。冯·卡门是在普朗特指导下获得博士学位的。普朗特效力德国纳粹，与戈林空气动力学研究所有着密切的合作。他曾默许希特勒对他犹太同事的开除。冯·卡门作为一名犹太人，及时逃离了德国，从他的脚踏上美国土地的那一刻，已经注定与他的导师分道扬镳。三代空气动力学家会面，场面尴尬、不悦，让人唏嘘不已。

冯·卡门和钱学森又来到了慕尼黑，他们在这里见到了冯·布劳恩。冯·布劳恩身材高大，比钱学森还小一岁，难怪美军在俘获他的时候都不相信他就是大名鼎鼎的德国 V-1、V-2 火箭的总设计师。

冯·布劳恩从小时候妈妈送给他一副天文望远镜讲起，讲了自己对宇宙的好奇；讲了幻想着乘坐火箭遨游太空；讲了自己为研究火箭下功夫学数学；讲了德国太空旅行协会；讲了德国军方对火箭研究的兴趣。他说，1939 年 3 月 23 日，也就是他 27 岁生日那一天，希特勒参观了火箭发射台，他为希特勒讲解火箭技术原理的时候，希特勒心不在焉，当他讲到火箭的军事用途时，希特勒双眼发出狼一样的亮光……当希特勒下令，V-1、V-2 火箭批量生产，并用这两种火箭袭击伦敦的时候，不仅震惊了世界，也让冯·布劳恩陷入深深的自责之中。他还伤感地说，苏联他不想去，英国虽然很适合他，但他万万不敢去，他的余生只有远在大西洋彼岸的美国这一个归宿了，他只想让火箭带着人类去探索太空，但希特勒用它运载了更危险的东西。当说出这些的时候，冯·布劳恩脸上露出无辜和无奈的神情。

这次德国之行，在近距离接触了像普朗特、冯·布劳恩这些站在科学巅峰上的人物后，钱学森也陷入了沉默。他反复思考着科学精神和科学家的情怀。他想，科学是没有国界的，但一个科学家的科学研究成果被利用，成为强权的工具，成为猎食者的獠牙，可能会给世界带来毁灭性的灾难，那么应该怎样评判科学家的人生意义呢？看着那些生产出来的导弹和光线斜射在金属的表面闪耀着幽灵般的寒光，钱学森的心一紧，耳边响起一阵阵轰炸的声音，随即想到了上海上空呼啸着俯冲下来的日本飞机……

钱学森的思绪从遥远的轰炸声中回到了眼前，他知道自己现在最应该做什么，他把纸和笔递给冯·布劳恩，让他写出了书面报告《德国液态火箭研究与展望》。

1945年9月16日清晨，一支来自德国的交响乐队搭乘的美国运兵船"阿根廷号"驶进美国纽约港。这支交响乐队由120人组成，实际上他们都是德国的火箭专家，他们就是这样避开了美国民众视线来到了这块新大陆。

1969年7月，冯·布劳恩设计出了世界上最大的火箭，第一次把人类送上了月球，宇航员阿姆斯特朗在月球上踩出了人类第一个脚印，地面指挥中心的人员告诉阿姆斯特朗："你踩下的脚印也是冯·布劳恩博士的足迹。"冯·布劳恩实现了他的太空旅行之梦。

空军科学顾问团结束德国之行，飞回美国。钱学森走下舷梯的时候，他感到疲惫不堪。不久，他协助冯·卡门完成了空军科学顾问团赴德国考察的书面报告《迈向新高度》，这份报告一共有13卷，其中5卷7个部分是钱学森执笔的。

在这份报告中，钱学森对脉冲式喷气发动机、冲压式喷气发动机、固体与液体推进剂火箭、超音速导弹以及将核能作为飞行动力的可行性等尖端技术的发展前景进行了准确的分析、评估和预见。《迈向新高度》阐述了美国未来50年火箭、导弹、飞机发展的方向，这份报告也从根本上改变了未来战争的形态，奠定了美国在二战之后取代德国成为世界航空强国和火箭强国的理论基础。

1945年11月，世界上第一部全面系统论述火箭与喷气推进技术的专著《喷气推进》完成了，这部长达800多页的专著，是由钱学森主持编写的。美国军方将这部专著列为空军工程师的必学教材。此后许多年，这部专著一直是美国喷气推进技术研究领域最权威的著作。

短暂回国

在中国人的理念中，成家和立业是一个成年男人一生中最重要的两件大事。1947年，钱学森的这两件大事都尘埃落定了。他的生命开始变得稳健，在人们看来，他的未来一片光明。

1946年的夏天，冯·卡门教授因为对加州理工学院不满，选择了离开，他在麻省理工学院继续自己热爱的事业。钱学森怀着对导师的忠诚，义无反顾地追随冯·卡门重新回到这所他初到美国时以留学生身份踏入的校园。现在，他已经是一位年轻的、踌躇满志的空气动力学家了。

这是他第三次横穿美国大陆。好友郭永怀正好要去康奈尔大学任教，他们一起驾车从美国西南的洛杉矶出发一路向东，直奔东北部的波士顿，那里是麻省理工学院所在地。

再次回到麻省理工学院，一切还是那么熟悉。他在麻省理工学院任航空系副教授，专门教空气动力学专业的研究生。

1947年2月，经冯·卡门教授推荐，不满36岁的钱学森成为麻省理工学院的正教授，同时也成为该校最年轻的终身教授。这个纪录一直保持了70年。这距离1945年冬天，他在加州理工学院升为副教授才过了一年多的时间。当时，在美国从副教授到教授需要三年或者更长的时间。

美国是1940年开始实行终身教授制的。终身教授一经聘任，聘期可以延续到退休，不受学校各阶段性教学、科研工作量的考核，没有被解雇的压力，另外还享受学校颁发的终身教授津贴。成为终身教授需要经过严格的考核，每个系一般只有2至3名。对钱学森来说，这是一件可喜可贺的事情，也标志着他在美国空气动力学领域的功成名就。

不久后的一天，麻省理工学院的航空系大厅坐满了听众，钱学森应邀在这里作题为《飞向太空》的报告，除了工学院的师生外，还有来自各地的一些同行。五角大楼军方代表也出席了报告会。

麻省理工学院院长主持了这一报告会，他向听众们介绍了钱学森的学术成就。钱学森的演讲时而娓娓道来，时而充满激情。他讲了火箭的原理、火箭的历史、火箭的现状和火箭的未来。这一次，他把人类的目光引向了浩渺的外太空。他在报告中预言：人类将在 30 年内登上月球。对于这个大胆的预测听众们表现出极大的兴趣和关注，并一时间引起了轰动。

1947 年美国《时代》杂志刊登了关于钱学森的特别报道和照片，钱学森在美国老百姓中拥有了更广泛的知名度。1969 年 7 月 21 日，美国阿波罗 11 号实现了人类登上月球的伟大壮举，验证了钱学森 22 年前的预言。

这是钱学森在麻省理工学院的一次完美亮相。这一年也是钱学森在学术研究方面稍有喘息的一段时光。他决定回国探望日渐年迈的父亲。这是他挥别祖国和亲人后的 12 年来的第一次回国。为了出入境方便，离开美国之前，钱学森办好了美国绿卡，即美国永久居民卡。绿卡持有者没有美国国籍，是不具有美国公民身份的外国人。此时，中美直达航班刚通航不久。飞机飞越广阔的太平洋，在夏威夷短暂停留后直飞上海龙华机场。

阔别十二年，物是人非。

1937 年，抗日战争全面爆发，日军分三路进入杭州。钱学森的父亲钱均夫和养女钱月华不得不离开方谷园 2 号，逃难到浙江富阳，后来又辗转到了上海愚园路 1032 弄 111 号。

这幢房子原来是钱学森的母亲章兰娟娘家的，后来战乱不断，章家也家道中落，不得不出售了这幢房子，然后又从房主那里租了下来，上边是章家亲戚住，钱均夫住在一楼。这幢房子在法租界，没有日本宪兵，相对安全一些，战火纷飞的岁月，能够在上海找到一个安身之处，已经算是不错了，钱均夫在这里，一住就是19年。

钱学森一下飞机，好友专程从杭州赶到上海接他。眼前的混乱情景刺痛了他。他来不及多想，直奔上海愚园路1032弄111号。

父子相见，也许没有太多的嘘寒问暖，但内心深处早已掀起波澜。父亲很瘦，胃病多年，常常胃出血，胃曾被切除三分之二。就在不久前，因为十二指肠穿孔，住进了上海同孚路的中美医院，全靠钱月华的精心照料才得以脱险。钱学森望了一眼墙上母亲章兰娟的照片，内心百感交集。连年的战乱，加上体弱多病，父亲很早就失去了工作。钱学森完成学业工作后，一直寄钱给父亲，在经济上照料着他的生活。

原本钱学森这一次回国就是单纯的探亲，但是，凭借他在学术界的国际影响力，还是在国内引起了一些震动。交通大学、清华大学、浙江大学都向他发出了邀请，请他去演讲。演讲的题目是经钱学森再三斟酌后确定的，他首先花时间了解了当时国内工程基础理论和基础工业的情况，后来把演讲的题目才确定为《工程和工程科学》。

他在演讲中说，美国十分重视发展先进的科学技术，注重科学技术人才的教育和培养，从而经过十几年的艰苦奋斗和第二次世界大战炼狱般的洗礼，美国的科技、经济、军事力量迅速发展起来，有可能成为世界上最强的国家。鉴于此，钱学森就想说明："既然工业是国家富强的基础，技术和科学研究就是国家富强的关键。"

钱学森的演讲使大家耳目一新，大为佩服，国内学术界都希望他能留下来。1947 年 8 月底，上海《申报》《新闻报》、天津《大公报》都发布消息，透露出当时的教育部有意请他出任交通大学的校长，但被钱学森婉言推辞了。

钱学森曾给冯·卡门写过一封信。冯·卡门教授在回忆录中写道："他在信中十分详尽地告诉我，他在祖国见到的人民贫困和痛苦，当时那里是在国民党人手里。"1945 年 8 月，毛泽东亲赴重庆同国民党进行会谈，国共两党签订了"双十协定"。然而，这个协定墨迹未干，1946 年 6 月，蒋介石就发动了全面内战。国民政府腐败猖獗、民不聊生，上海的物价飞涨到第二次世界大战前的 1.2 万倍，国民党处在风雨飘摇之中。

也许钱学森在等待一个契机。

等待一位他信任的领袖，这位领袖能够凝聚起全国人民团结奋斗的磅礴力量。

等待一个他信任的政党，这个政党以为劳苦大众谋求解放和幸福为目标。

等待苦难深重的中华大地重新云开雾散。

这是一个科学家的无奈与执着。他像一位勇士，十年磨一剑。此刻，他要收刀入鞘。他要回到大洋彼岸他的那张平静的书桌旁，继续磨砺自己。他知道，他已经接近国际上最尖端的国防科技，他还需要一点儿时间，还有一些重要的工作需要完成。

1947年9月26日，钱学森重返美国波士顿，重返麻省理工学院。

爱深情重

就在钱学森重返美国后的一个月，他在波士顿迎接到了他的新婚妻子蒋英。

在麻省理工学院租住的新家里，摆放着一架黑色的大三角钢琴，那是钱学森送给妻子的礼物。

他们的故事还要从天真烂漫的童年说起。

蒋英的父亲蒋百里是近代中国著名的军事理论家。那时，钱学森的父亲钱均夫和蒋百里都在北京工作，两家常有来往。钱学森是家中独子，蒋百里有五个女儿，钱学森的妈妈就提出向蒋家要一个女儿认作干女儿。那时候，在中国一些世家友好往来、互认干亲的习俗还很盛行。蒋家让钱学森的妈妈选，钱学森的妈妈选中了蒋家的三女儿蒋英。

当时还办了几桌酒席，两家人都很高兴。蒋英改名钱学英，和奶妈一起到了钱家。那一年蒋英才 5 岁，钱学森 13 岁。他们在一起度过了一段美好时光。后来，蒋英想爸爸妈妈，爸爸妈妈也想蒋英，蒋英就回到了自己的家。钱学森的妈妈也很是舍不得这个聪明伶俐的干女儿，于是就放下了话："这孩子就是我的干女儿，长大了给我作儿媳妇吧。"小孩子懵懂，但大人有心。

1935 年，24 岁的钱学森赴美留学前，蒋百里曾带着蒋英去送行。昔日的小妹妹已经是 16 岁的大家闺秀了。两个人聊得很投机。不久，钱学森赴美，蒋英考入德国柏林大学声乐系，也出国留学了，她学的是美声唱法。

很长一段时间，他们都忙在自己的学业上，互相没有联系，只是长辈还记挂在心上。蒋百里去美国考察的时候，专程去看望了钱学森，还给钱学森留下一张蒋英的照片。

二战期间，蒋英一直滞留在欧洲，战争结束后，得知海上通航的消息，蒋英立即决定回国。1946 年 12 月，蒋英回到上海。很快，她就吸引了上海音乐界的目光。1947 年 5 月，她的个人演唱会在上海兰心大戏院举行，盛况空前。当时上海汇集着很多音乐家，在她正和一些音乐家筹备自己的第二次音乐会的时候，钱学森回国了。

钱学森刚到家，就有很多人帮他介绍女朋友。但他经常借口看望蒋伯母去蒋家。青梅竹马的两个人相见，自然是别有一番滋味在心头。直到有一天，钱学森对蒋英说："你跟我去美国吧。"蒋英后来说："他没说两句，我就投降了。"蒋英认为，有学问的人就是纯洁善良的好人，更何况钱学森又有那么好的家族根基，他本人还很有艺术天分，美好、浪漫应该不成问题。

六个星期后，他们宣布结婚。

然而，和钱学森的婚姻对蒋英来说，远没有想象中的那么浪漫。蒋英曾回忆她初到美国的第一天的情景。早上，他们一起吃过饭，钱学森说："你一个人慢慢熟悉吧，我晚上才能回来。"说完就去麻省理工学院上课了。晚上回来，两个人一起出去吃了晚饭。

晚上 8 点钟，钱学森给自己泡好了一杯茶，他微笑着说："回见"，然后，转过身去，径直走进了他的书房，轻轻地关上了房门。蒋英的目光一直注视着他。他的动作那么从容、坚决，不容置疑，没有任何可以商量的余地，不可改变、不可动摇。蒋英决定等下去，虽然她并不知道这样的等待会在什么时候结束。

窗外幽暗，夜凉如水。周围一片寂静。作为初婚的新娘，蒋英的心情十分复杂，由最初的等待、期盼，到后来的焦躁、失望，再到后来的心生怨尤，最后还是慢慢平静了下来。

蒋英在漫长的等待中渐渐明白，这也许就是她婚后夜晚的样子。这虽然并不是她所期盼的，但确实是她自己选择的，是她的选择的一部分。

时间在夜晚的隧道里一点一滴地流逝着，午夜12点，这是一天的结束，也是新的一天的开始，钱学森这才走出了自己的书房。这样的习惯，钱学森保持了60多年。

2009年10月，钱学森离世后，大家都很关心已是90岁高龄的蒋英的身体，蒋英说了一句："我很坚强。"这是一句让许多女性感动，也让许多人感到汗颜的一句话。她陪伴钱学森度过了62年的光阴，无论处境多么艰难，她丝毫没有抱怨过。她陪伴着钱学森度过了属于科学家的寂寞时光，她坚定地支持钱学森忘我的工作。她是一位集美丽、知性、优雅于一身的女性，也是我国著名的女高音歌唱家、女声乐教育家，她精通英语、德语、法语、意大利语，更重要的是，她还懂得和精通与科学家实现沟通理解的特殊语言。

接下来的一小段日子是钱学森一生当中少有的一段惬意、快乐的时光。

蒋英说："那个时候，我们都喜欢哲理性强的音乐作品。他还喜欢美术，水彩画也画得相当出色。因此，我们常常一起去听音乐、看美术展，我们的业余生活始终充满着艺术气息，不知道为什么，我喜欢的他也喜欢。"新婚伉俪如燕子般相伴相随、和谐互动，美好的情景感动了周边的人，就连冯·卡门教授也忍不住夸奖："英，真是个可爱的姑娘。"

1948年10月13日，他们的儿子出生了，按照钱家"继承家学，永守箴规"族谱，给孩子取永字，名字叫永刚，为刚强、刚健之意。

钱学森是一名合格的父亲。幼儿园定期召开的家长、教员联席会议总是由钱学森参加。他还为幼儿园修理破损的玩具。他很乐意尽这些责任。这些细节是美国专栏作家密斯顿·维奥斯特在《钱博士的苦茶》一文中写到的。

这样的日子，看起来是让人欣慰的。然而，钱学森的内心知道，他还有很多事情未能完成。

也许人的一生，总是在不断努力着试图去完成那些未能完成的事情。那些事情早已从少年起，就已经镶嵌于个人的生命，成为人生中难以更改的意义和目标，以至于这个人所有的行动归根到底都指向那些未完成的事情。对钱学森来说，那些未完成的事情就是用自己的才智建设自己的国家。

胡适曾经说过："堕落的方式很多，总括起来，约有这两大类：第一是容易抛弃学生时代的求知识的欲望，第二是容易抛弃学生时代的理想的人生的追求。"

钱学森没有一天忘记过自己的使命。他依然非常勤奋地工作着。1948 年，他完成了《关于火箭核能发动机》的论文，这是世界上第一次系统地探讨火箭的核动力问题。

重返加州理工学院

波士顿的秋天总是色彩纷呈，如一场艳丽的视觉盛宴。

1948 年 10 月，冯·卡门和钱学森同时收到了加州理工学院新任校长杜布里奇热情洋溢的来信。杜布里奇真诚地邀请他们重回加州理工学院。古根海姆基金会在加州理工学院和普林斯顿大学各建了一个喷气推进中心。钱学森在这个领域的影响无人企及，这两个中心都向他递出了"橄榄枝"，邀请他做喷气推进中心的负责人。

钱学森再一次选择追随他的导师，回到加州理工学院。他没有犹豫，也不需要选择。在他的心里，冯·卡门这位年长他 30 岁的导师已经像他自己的父亲一样。1949 年初夏，钱学森带着一家第四次横穿美国大陆回到加州理工学院，担任古根海姆喷气推进中心主任。同时担任航空系教授，兼任喷气工程公司的顾问。

这一年是冯·卡门很难过的一年。他的母亲和妹妹先后因病离开了这个世界。

冯·卡门常常漫步在布满了有些松动的石头的小径上，斜阳在他身后留下一道深长的影子。他让自己沉浸在对亲人的追忆和怀念之中。唯有在这样的时刻，他才感觉仍然和她们在一起，仿佛什么也没有失去。

父亲是在更早些时候离开的。冯·卡门记得，他在六岁的时候，五位数乘法稍加思索就能给出答案。他父亲很震惊，震惊之余是一阵阵不祥的预感，父亲说这太不可思议了。父亲开始担心是不是自己让孩子太早接触数学了，于是，中断了冯·卡门的数学学习，把教育的重点放在了人格培育上，开始让他学习诗歌，还有历史。父亲希望通过人文思想的浸润，匡扶住他那超出同龄孩子的天赋。

即便是有可以改变人生的强力干预，有时也无法阻挡一个天才发挥他的天赋。尽管冯·卡门学习了好长一段诗歌和历史，但最后还是自然而然地回到了科学之路上来，还是成为了他应该成为的样子。

冯·卡门站在古根海姆大楼前，透过高大树木的掩映，向二层的一个窗口凝视了很久。那是他工作多年的办公室的窗口。他累的时候，经常站在这个窗口前向外眺望帕萨迪纳明亮的天空。身在异乡，他的那些挥之不去的乡愁也是在这片蓝色的天际中化解掉的。此时，当他从外面这个视角去注视那个窗口的时候，他内心涌现出一股别样的离愁。

第二天一早，他叫来了钱学森。钱学森习惯了导师随时的召唤，这种召唤往往意味着他们近期正在苦思冥想的问题有了新的突破。他带着兴奋而喜悦的心情走进冯·卡门的办公室。这一次，钱学森感觉有些不对。冯·卡门把手放在钱学森的肩上，重重地拍了一下，他看着钱学森说："我的母亲和妹妹走了，我也要走了，我让你接替我的工作。"

　　钱学森一怔，他看着朝夕相处的导师，一时不知所措。眼前这位充满智慧的犹太学者，以往时常会流露出小孩子在海滩上堆砌城堡般的快乐，现在命运摧毁了他的城堡，眼睛里布满悲伤。对钱学森来说，冯·卡门教授眼睛里的这份悲伤是陌生的。他们曾经一起喝咖啡，一起讲小时候的往事，一起坐在花坛边那棵古树下的长椅上探讨问题，冯·卡门从来没有表现出像现在这般的无助和落寞。

　　冯·卡门终身未娶，无儿无女，从家庭生活这个层面讲，他是孤独的。他把自己的全部精力都用在了迷恋一生的科学探索上。他参与着世界的改变，也因此改变了自己的命运。直到这时，钱学森才知道冯·卡门将去法国巴黎，作为美国政府的顾问，参与联合国组建国际星宇联合会的工作。冯·卡门把自己办公室的钥匙交给了钱学森，当钱学森接过他的导师递过来的钥匙时，仿佛就像接过了导师的宿命。

　　就这样，钱学森成了冯·卡门事业的继承人。

　　1949 年 12 月，美国火箭协会的年会在纽约召开。那是一个火箭从科幻照进现实的时代，这个过程，因为钱学森在会上描述的一幅洲际高速客机的蓝图而渐行渐近。他说："将来可以设计出一种火箭客机，它的形状可以做成一支削尖的长铅笔，长度做到 24 米左右，直径 3 米左右，自纽约垂直升起后到达洛杉矶的飞行时间将不到一小时。"这就是航天飞机的雏形，会场的人兴奋地欢呼、鼓掌。美国的《大众科学》《飞行》《纽约时报》《时代》都报道了他的这一设想，还配发了照片。钱学森还大胆预言："在 30 年内，人类将可以登上月球，而月球之旅可以在一个星期内完成。" 20 年后，钱学森的预言真的实现了，阿姆斯特朗在月球上留下了第一个人类的足迹。

第三章　归去来兮

远方的呼唤

坐落在加利福尼亚州大洛杉矶区的小城帕萨迪纳是加州理工学院的所在地，小城北面连绵的山地就像一幅油画的远景，近处的帕萨迪纳四季风景如画。

钱学森的家就在加州理工学院附近。几乎每个周末，有一位老朋友就会来到他们家，和他们一起听音乐、聊天。这位朋友名叫罗沛霖。罗沛霖是钱学森在交通大学时的校友，比钱学森小两岁。他父亲是天津有名的画家，也是电讯专家。那时，钱学森是学校铜管乐队的圆号手。罗沛霖经常跑旧货店买老唱片，课余时间，两个人就凑在一起听音乐。

1947年夏天，钱学森回国的时候，罗沛霖找到他，老朋友重逢，别有一番欣喜。罗沛霖也有意去美国读书，钱学森当时在麻省理工学院，他建议罗沛霖去加州理工学院，他觉得那里更适合罗沛霖，并为他写了推荐信。1948 年 9 月，罗沛霖来到加州理工学院，直接攻读博士学位。没想到，一年后，钱学森又回到了加州理工学院，罗沛霖就成了他们家的常客。那时，钱学森还不知道罗沛霖的真实身份。

罗沛霖毕业后，先是在一家无线电厂当工程师。他的两位交通大学的同学，先后去了延安，加入了中国共产党。在抗日战争时期，中国共产党表现出博大的胸襟，团结一切可以团结的力量，建立并领导了抗日民族统一战线。那时候的延安，是富于爱国热情的热血青年们向往的地方。在他们的心目中，延安是红星照耀的地方，是中国革命的圣地，代表着中国的未来。很多人瞒着父母及家人，不顾生命危险，冲破重重阻碍，奔赴那片黄土地。很多人历经千辛万苦到达延安后，不由自主地俯下身来，去亲吻脚下这片黄土地。那是他们认定的理想和信仰之路。到 1938 年，来延安的知识分子有 10 多万人。

罗沛霖就是这样的热血青年。1938 年 3 月，他到了延安，他向接待他的林伯渠介绍了自己的电讯专长。那时候，延安只有一部电台，还是从国民党那里缴获的。延安正需要他这样的人才。罗沛霖担任延安通讯器材厂的工程师之后，克服重重困难，在各方面条件都很差的情况下，带领一群人探索并仿制电台，七个月之后，延安的电台增加到 60 多部，使各地下党组织与延安的联络有了质的飞跃。

随后，他又在周恩来的领导下，去敌占区开展地下工作。

1947 年，他赴美求学，实际上是受中国共产党派遣，争取更多的中国学者和留学生回国，参加新中国的建设。

当时，钱学森是全美中国工程学会会长，也正是罗沛霖的目标。

1949 年 5 月，钱学森收到了美国芝加哥大学葛庭燧的来信。葛庭燧的信还夹带了一封曹日昌的信。曹日昌的身份是中国共产党党员、香港大学教授，还担任着中国科学工作者协会香港分会的职务，负责联系和争取海外留学生和学者回国。他受党组织委托向钱学森转达了"北方当局"对他的关切，欢迎钱学森回国工作。"北方当局"就是指已经在中国北方取得领导地位的中国共产党。

钱学森怦然心动。前一阵子，他收到了父亲的来信，信上讲，中国人民解放军已经渡江了，南京、上海都解放了。新的人民政权即将建立。父亲说："生命仰有根系，犹如树木，离不开养育它的一方水土。唯有扎根于其中，方能盛荣而不衰败。儿生命之根，当是养育汝之祖国。叶落归根，是报效养育之恩的典喻，望儿三思。"

1949 年 10 月 6 日是中秋节。

在加州理工学院对面的街心花园里，钱学森、罗沛霖和十几个中国学者以及留学生聚到了一起。表面上，他们在过中国的月亮节，实际上，他们都很激动，他们在以自己的方式庆祝五天前成立的中华人民共和国。这个聚会就是罗沛霖张罗的，他乘机向大家讲了很多新中国的情况。《左传·昭公》

有言："临患不忘国，忠也。"此刻，钱学森觉得回国的时机已经成熟了。

归国受阻

钱学森和罗沛霖相约第二年，也就是 1950 年的暑期，罗沛霖完成博士学业后一起回国。为了避免麻烦，钱学森先后辞去了在美国空军科学咨询团和海军军械研究所的职务。

为了掩人耳目，钱学森开始在加州理工学院一带选购房屋，表现出一副要在美国定居下来的样子。这样可以避免美方及国民党当局对他的纠缠。钱学森曾说："我从 1935 年去美国，1955 年回国，在美国待了整整 20 年。这 20 年中，前三四年是学习，后十几年是工作。所有这一切都是在做准备，为的是日后回到祖国能为人民做点事。我在美国那么长时间，从来没有想过这一辈子要在那里待下去。我这么说是有根据的。因为在美国，一个人参加工作，总要把他的一部分收入存入保险公司，以备晚年退休之后用。我在美国期间，有人好几次问我存了保险金没有，我说一美元也不存，他们感到奇怪。其实没什么奇怪的，因为我是中国人，根本不打算在美国住一辈子。到 1949 年底，我得知新中国成立，认为机会到了，应该回祖国去。"

1982 年 2 月 19 日，加州理工学院档案管理员古德斯坦采访了钱学森回国时担任加州理工学院院长的杜布里奇。杜布里奇描述了当时钱学森向他请假时的情景。

那是 1950 年的一天，钱学森来到加州理工学院杜布里奇的办公室。

钱学森说："你知道我在中国有年迈的父亲，我很久没有见到他了。当然，在打仗时我是不可能回去的，但我现在也许可以回去了，我只想请一段时间的假。"

杜布里奇："多久？"

钱学森说："嗯，我实在不知道自己想和他住多久，这取决于我父亲的健康，总之是几个月。"

杜布里奇说："当然，你可以离开一段时间。"

钱学森得到准假后，完全是公开地做着休假前的准备工作，并没有什么反常。

但是，还是有人就此事向金贝尔做了汇报。

金贝尔是美国海军部副部长，曾担任航空喷气公司执行副总裁兼总经理。他和钱学森曾是很好的合作伙伴。他的鼻子一直闻着弹药的气息，眼睛一直盯着火箭弹道的轨迹。他太了解钱学森的价值了。与其说是他了解钱学森的学术成就，不如说他更知道钱学森的利用价值和失去钱学森的危险以及损失。只是，他现在并不确定钱学森的心里究竟装着什么。

这么多年里，金贝尔身边这个言语不多的中国人，没有让他感受到其对权势有过谄媚和觊觎，也没有对财富表现出贪婪，更没有对妻子以外的美色有过迷恋。他的精神世界里一定有一样更强大的力量支撑着他的灵魂，可究竟是什么呢？

金贝尔突然感到一阵不寒而栗。那一定是他的祖国。有人说："科学是没有国界的，但科学家是有祖国的。"

1950年6月6日，两个陌生人来到钱学森的办公室。他们出示了联邦调查局的证件。他们宣称，他们有足够的证据表明钱学森是美国共产党员。钱学森坚决否认了指控。就在当天，加州理工学院校方收到了美国第六军团的密信，要求校方严禁钱学森从事任何与美国军事机密有关的研究工作，吊销了钱学森的安全许可证。这个安全许可证是1942年12月1日颁发给钱学森的，钱学森从事美国军事机密相关研究已经八年了。古根海姆喷气推进研究中心的工作几乎都与军事有关，这意味着钱学森几乎不能在古根海姆喷气推进研究中心从事任何工作。

钱学森感到自己受到了侮辱。6月19日，联邦调查局再度上门对钱学森进行询问和调查，而钱学森拒绝回答他们的盘问，只把一份声明递给他们："当年我成为一位受欢迎的客人的情境已不再了，一片怀疑的乌云扫过我的头上，因此，我所能做的事就是离开。"这份声明同时也交给了加州理工学院的院长。他决定辞去一切工作。

1950年6月27日，美国宣布武装干涉朝鲜，并出动美国第七舰队阻挠中国人民解放台湾。钱学森加快了离开美国的脚步。8月31日，美国邮轮"威尔逊总统号"将驶往香港，钱学森和罗沛霖去买船票，罗沛霖是留学生，顺利买到了，钱学森是教授，需要移民局批准。无奈之下，钱学森决定绕道而行，一家人买了加拿大太平洋航空公司8月28日从渥太华飞往香港的机票。机票定好后，钱学森开始收拾书籍、手稿和笔记。

加州理工学院院长杜布里奇是一位富有正义感的物理学家，一向公开反对各种政治迫害。钱学森和冯·卡门重返加州理工学院就是他亲自致函邀请的。他当时是白宫科学咨询委员会主席。他一心想挽留钱学森，想拂去他头上"怀疑的乌云"，让他安心地从事研究工作。于是，再三与华盛顿方面斡旋，华盛顿决定8月23日举行听证会。

8月21日，钱学森飞往华盛顿。杜布里奇提议钱学森先去拜访美国海军次长金贝尔。可当钱学森怀着真诚的态度去拜见金贝尔时，他两手一摊，表示这事他爱莫能助，也并不是他一个人能解决得了的。

最后，金贝尔给出了自己的建议："我可以为你召开一个听证会，你去找波特律师为你辩护吧！"

8月22日，钱学森拜访了波特律师。可是律师说，马上召开听证会时间过于仓促，自己无法在没有准备的情况下替钱学森辩护："除非推迟听证会，等我把事情的真相搞清楚。"

这一刻，钱学森如梦方醒，原来他们在合起伙来演一出搪塞和推托的把戏，他感受到了自己正在被一些人蒙在鼓里戏耍着，他感受到了只有一个"外国人"才能感受到的屈辱。他的内心突然涌现出一股无名的愤慨和不可撼动的勇气。他决定去面见金贝尔，直接向他表明自己的态度。

他这次之所以飞来华盛顿，初衷是想通过听证会澄清种种不实之词。作为一个科学家，他也许比普通人更追求、更尊重、更敬畏事实，因为那是一个敢于探索和穿越科学世界重重迷雾的灵魂必备的精神素养。但是，眼前这一片迷雾并不是自然界的瑰丽与神奇，而是人为设置的，是人性的贪婪、狭隘与恐惧在他们自己的前进道路上设置的阴霾和沟壑。

第二天，8月23日，也就是原定的召开听证会的这一天，钱学森再一次来到金贝尔的办公室。钱学森平静地告诉金贝尔："既然你们已经取消了我的安全许可证，那么我决定离开美国，回中国。"

金贝尔不仅有着军人的灵敏嗅觉，同时，他也是一位政客。这一刻，他看着钱学森，他内心的恐惧和铁血手腕一瞬间就形成一个阴险的行动计划，而这一切，都被他那张狡黠的脸上由虚伪调动起来的仁慈和惋惜完美地掩盖了起来。

他的目光里很像充满了不舍，"你不能走，你太有价值了。"他意味深长地说。他规劝钱学森三思而行。

钱学森去意已决，不想再按照他们设计好的圈套继续和他们纠缠下去。当天下午便赶往机场飞回洛杉矶。六个小时之后，钱学森一下飞机，一位美国移民局的官员就来到了他面前，向他出示了一份文件并说道："禁止离开美国。"移民局的动作如此迅速，这让钱学森感到他身边那一张无形的网正在迅速收拢。

金贝尔是在钱学森离开他的办公室后即刻致电美国司法部的。他给美国司法部打电话时说："你们绝对不能让钱学森回国，据我所知，他知晓美国所有导弹工程的核心机密，怎么能让他回到红色中国。他一个人就抵得上我们海军陆战队的五个师，如果让他回去，我宁可直接枪毙了他。"

钱学森只好退掉了机票，打算去托运公司取回此前交付托运的八箱行李。但海关告诉他，行李被依法扣留，因为行李中有美国国家机密文件，违反了《出口控制法》《中立法》和《间谍法》。涉及到《间谍法》，问题很是严重。其实，钱学森在办公室整理文件的时候是非常谨慎的，他清楚地知道自己的处境。他把涉及机密的文件整理好，全部锁进办公室一个文件柜里，并把钥匙交给了同事克拉克丹·米立肯教授。他丝毫没有想过要带走那些机密文件，他不耻于那么做。

钱学森之所以这么做，是因为在他的精神世界里，一个人的人格、道德品质与良知是有着尊贵的位置的。作为一个科学家，他遵从着科学精神；作为一个中国人，他更看重古老的中华文明濡养出的谦谦君子之风，堂堂正正做人，堂堂正正做事。

然而，美国联邦局里的美国人怎么能理解钱学森呢？他们从来也不相信人间会有什么谦谦君子，他们费尽心机地折腾着钱学森那八箱行李，想从中查出他们想要的证据。他们用微缩胶卷拍下了 1.2 万张"文字性东西"，还编制了详细的目录。其实那些不过是一些笔记、讲义手稿、剪报。一些印有"机密"字样的文件实际上已经过了保密期限。而让联邦探员如获至宝的所谓"密码"不过是一些对数表，这只能说明联邦探员们的数学太差了。

后来，钱学森曾就此在报纸上发表声明："我想带走的只是一些个人的笔记，其中多数是我上课的讲义，以及未来我研究所需要的资料。我从未打算带走任何一点机密，或者试图以任何不被接受的方式离开美国。"

特米诺岛的拘留

钱学森回到家中，一连多日没有出门。

1950 年 9 月 7 日下午，美国移民局的两位稽查摁响了钱学森家的门铃。开门的是蒋英，她怀里还抱着出生才两个月的女儿。钱学森认出了这两个人，他们就是他从华盛顿返回时在机场向他出示"禁止离开美国"文件的那两个人。他们这次的任务是带走钱学森，给他找一个更加安全的地方，防止他"逃跑"。

钱学森明白，就他当下的处境，抗争是没有意义的。他看了一眼身旁的蒋英和孩子，什么也没说，就跟着那两个人走了。

钱学森被关进了特米诺岛的移民局拘留所。那是个四面环海，与外界隔离得不起眼的小岛，岛上只有一座废弃的石油探井架和几间简易房子，移民局用来关押越境犯人。钱学森被关押进了一间单人牢房。也许是考虑到了他著名科学家的身份。

几天以后，也就是1950年9月12日，在钱学森原计划乘坐的8月28日从美国旧金山启航的"威尔逊总统号"邮轮上，也上演了一幕拘禁中国学者和留学生的事件。这艘邮轮上，有100多位中国学者和留学生。就在"威尔逊总统号"邮轮停靠进横滨港的时候，广播播报了一个通知：要求赵忠尧、罗时钧、沈善炯三人带好行李调整房间。然而，等待他们的却是美国中央情报局的官员。美国中央情报局的官员直言不讳地说道："钱学森，你们知道的，你们都是来自加州理工学院的，涉及美国的国家安全。美国的原则是，凡在美国受过像火箭、原子能以及武器设计这一类教育的中国人都不准离开美国。"

中央情报局的官员给这三个人三个选择：一是回美国；二是去台湾；三是不去美国，不去台湾，就在日本坐牢。三个人既没有选择回美国，也没有选择去台湾，他们被押解下船，投进了东京下野的巢鸭监狱。

就在钱学森从家里被带走不久，加州理工学院所在地帕萨迪纳的电台报道了这一令人震惊的消息。加州理工学院的师生感到难以置信，他们很难把一向温文儒雅的钱学森和间谍画上等号。第二天，洛杉矶、加利福尼亚州以及美国各大报纸争相报道了这一消息。很多人惊愕不已。对杜布里奇来说，钱学森的遭遇既在他的意料之外，又在情理之中。他能够理解以金贝尔为代表的政客们对美国利益的担忧，但是，他也相信钱学森。

"这位来自中国的科学家一直追随着他的导师冯·卡门，他在空气动力学的研究上不仅表现出扎实的理论功底和非同一般的敏锐的洞察力，更可贵的是他在科学实践中表现出来的优秀品质，勤奋而周密。在团队里，有很好的合作精神，他非常谦和、乐观而豁达。"在公开的场合杜布里奇这样评价钱学森，他爱科学，更爱惜天才科学家。

杜布里奇在加州理工学院院长的职位上工作了22年，加州理工学院在他的倡导下，一直秉持着追求真理、自由、开放的学术氛围，这也是一大批世界著名科学家乐于在这里工作和从事研究的原因。人们这样形容他，"生活简朴，一生都在渴望从事重要的工作"。他要尽自己的力量，帮助钱学森。

他首先想到的是金贝尔。金贝尔是第一个警觉到不应该放走钱学森的人，也应当是这个事件的幕后策划者或推手。也许军人有军人的考虑，不放走钱学森，从国家的利益出发无可厚非，但用拘禁的方式对待一个科学家却是让人难以理解和接受的。

杜布里奇内心急切，未及过多考虑，凭着平时和金贝尔的熟悉，操起电话就给金贝尔打了过去。他本意是想和金贝尔坦诚地交流一下应该以什么方式对待钱学森，可是一提起钱学森被移民局关进了特米诺岛一事，金贝尔立即表明了自己的态度，他声调很夸张地说出了一番话："你知道我并不是说他该被拘留，那太糟糕了，他并不是共产党人，拘留他是没有理由的。"

手里拿着电话的杜布里奇怔住了，他不知应该如何继续应对。很显然，金贝尔在态度上也并不反对要善待科学家钱学森，但他首先澄清这事儿他并不知情，更不是他干的。果真如此，你还能要求他做什么？杜布里奇明白这是明显的推托。话说到这里，他也知道金贝尔的大门已经明确地对他关闭了。

但杜布里奇并不死心，他转而又想到了钱学森的导师冯·卡门。他马上又和冯·卡门取得了联系，希望他能和自己一道想办法。此时，冯·卡门正在欧洲访问，接到杜布里奇的电话，冯·卡门十分震惊，他决定中断访问，赶回美国。

杜布里奇登上特米诺岛去看望钱学森。那天，风浪很大。他后来回忆道："他有一个房间，一张桌子，一盏灯，一张床，但那样的拘留对他，对他的自尊——是一个可怕的打击。"在那里，钱学森被禁止与任何人交谈，夜里守卫每 15 分钟就来亮一次灯，让他没法好好休息，这样的痛苦经历让钱学森在短短的时间里瘦了 13 公斤。

冯·卡门利用他在科学界的影响力，强烈谴责美国拘留科学家的行为，国内也发起了声援和抗议。美国方面迫于外界的压力，不得不决定暂时释放钱学森。

1950年9月20日，钱学森被带出了拘留所，强烈的阳光刺得他睁不开眼睛，一阵眩晕袭来，他深深地吸了口气。他被带到了美国移民局。房间里已经坐满了人，古尔西欧等八名官员将再一次对钱学森进行审讯。加州理工学院的古柏律师也坐在一旁，他是专门赶来为钱学森辩护的。审讯还是围绕钱学森的"间谍罪"展开的，但是，他们再也提不出新的确凿证据，审讯遂即不了了之了。他们通知钱学森，如果交纳15000美元的保释金，可获得保释。加州理工学院院长杜布里奇和从欧洲赶回来的冯·卡门一起帮助筹集到了这笔保释金。

为期15天的关押终于结束了，钱学森被保释了出来。但他们要求钱学森写下一个保证声明，倘若没有得到加州理工学院院长杜布里奇和美国海军次长金贝尔的书面同意，决不能擅自离开美国。

美国移民局规定，钱学森每个月都要去帕萨迪纳移民局登记，还要随时接受移民局的传讯。

软禁的岁月

9月22日一早，蒋英叫醒两个年幼的孩子，告诉他们，她去接爸爸回家。帮忙照料孩子的朋友一进门，蒋英就出发了。

她开着车，越走越荒凉。眼前就是特米诺岛。岛上几处破旧的建筑就是美国移民局的拘留所，钱学森在这里已经被关押整整14天。

狂风掀起海浪，海浪拍打着岸边的基石发出巨大的响声。那栋关押钱学森的小楼所有的窗户都被封死。走廊里灯光昏暗，破败、阴暗、潮湿。蒋英感到一阵恍惚。在她还很小的时候，她就曾走过这样的走廊。那时妈妈拉着她的手，去监狱看望过父亲蒋百里。

"我很坚强。"这四个字曾经无数次地帮助她渡过难关。此刻，蒋英又本能地让这四个字再一次充满自己的内心。

尽管蒋英一次次地给自己心里暗示，但见到钱学森的那一刻她还是震惊了。

钱学森瘦了。以前，他脸上总是洋溢着的自信、微笑不见了，目光有些空洞，神情也有些冷漠。蒋英后来说："我去接他出来的时候，他一言不发，我问他什么，他只是点点头，摇摇头。我明白了，他失声了，不会说话了！"

蒋英感到，他的内心有一些东西已经破碎了，而有一些东西却像种子一样被他掩埋在了沉默的背后。

钱学森回到家里，在蒋英的照料下，身体渐渐恢复过来。他需要花一些时间设法厘清一下自己的情感和思绪，他要把愤怒、失望、屈辱等不良情绪打个包，暂存在某一个轻易触碰不到的角落里，重新从纷杂的思绪中把那些属于积极的、坚韧的、不屈的和理性的东西找出来，放在自己抬头可见的意识层面。他要在无所作为的黑暗时刻为自己的时间和生命赋予一些意义。

晚上8点钟，他还是泡上一杯茶，走进了他的书房。

就在前几天，他收到了父亲的来信。父亲写道："吾儿对人生知之甚多，在此不必赘述。吾所嘱者：人生难免波折，岁月蹉跎，全赖坚强意志。目标既定，便锲而不舍地去追求；即使弯路重重，也要始终抱定自己的崇高理想。相信吾儿对科学事业的忠诚，对故国的忠诚；也相信吾儿那中国人的灵魂永远是觉醒的。"透过父亲工整隽秀的楷书，钱学森能够感受到父亲的气定神清。

自钱学森被拘禁后，就被迫中断了和家里的联系，他给父亲的最后一笔款项是1951年，还是委托从美国归国的罗时均途经上海时带去的300美元现金。能接到父亲的来信，对钱学森来说，简直是一个奇迹。看来，有些事情也只能用天意来解释了。人都说家书抵万金，困境中这封父亲的来信，对钱学森来说要比万金还贵重。信放在他的书桌上，想起来他看一遍，他不知一共看了多少遍。他每读一遍父亲的来信，就警醒自己一次："我是一个中国人。"

也恰在此时，中国科学院为钱学森做了一件实实在在的事情。他们在未征求钱学森意见的情况下，将钱学森纳入中国科学院研究员编制。这样，钱学森在国内每月就有一份薪水。中国科学院托人把这份薪水按月送到钱学森的父亲钱均夫手中，悄无声息解除了钱学森的后顾之忧。

1950年11月15日，针对钱学森驱逐问题的第一次听证会在洛杉矶移民局召开。主要审问者是司法部驻洛杉矶移民局检察官。

检察官问："美国和中国交战，你忠于哪个国家的政府？"

钱学森的律师提出抗议："这个问题与案件没有直接关系。"

检察官说："抗议不成立。"

钱学森回答说："我是中国人，当然忠于中国人民。所以，我忠于对中国人民有好处的政府，也就敌视对中国人民有害的任何政府。"

检察官追问："你说的'中国人民'是什么意思？"

钱学森答："四亿五千万中国人。"

检察官再问："你现在要求回中国大陆，那么你会用你的知识去帮助大陆的共产党政权吗？"

钱学森毫不犹豫地回答："知识是我个人的财产，我有权要给谁就给谁！"

第二天，洛杉矶的报纸刊出了这次听证会的消息。标题是：

《被审讯的不是钱学森，而是检察官》。

1951 年 4 月 26 日，美国认定钱学森"曾经是美国共产党员的外国人"。据此，美国移民局决定驱逐钱学森。但美国移民局"驱逐出境"的处理结果，又受到华盛顿军方的干涉，他们还是认为钱学森是"具有科技背景的外国人"，会威胁国家安全，最后，将钱学森列入不准出境的名单。

如此一来，就等于将钱学森软禁起来了。究竟什么时候能够解禁呢？不得而知。总之，美国是不会把钱学森这样一位有建树的科学家拱手送还给红色中国的。他们拖延着，他们在等时间冲刷掉钱学森脑子里那些关于美国秘密的记忆。

这期间，美国知名度很高的《科学美国人》杂志的编辑给钱学森写信，要刊发他的一篇文章，但被钱学森拒绝了。他在回信中写道："如果把我确定为美国科学家团体中的一员，我感到很耻辱。事实上，我不是美国科学家，我是一名中国科学家。目前只是美国政府的命令让我滞留在这个国家而已。"

钱学森没有消沉，很快，他又做了一次学术研究方向上的新选择，这一次他选择研究工程控制论。他后来回忆说："那时我还年轻，虽然痛苦，但精力还很充沛，我不能消沉。我必须积累知识，随时准备返回祖国，为建设新中国尽力。"

控制论与系统论、信息论被称为 20 世纪科学史上著名的"三论"。控制论的思想是法国物理学家和数学家安培在 1834 年提出的。100 多年以后，美国数学家维纳开创性地探索了用机器来模拟人脑的计算功能，1948 年，出版了《控制论》，这本书成为这门新兴学科的奠基之作。

钱学森有着敏锐的洞察力。他意识到，随着工业化进程不断向前推进，工程复杂性也会愈演愈烈。他开拓性地把维纳的控制论思想应用到工程系统的控制中。就这样，钱学森一头潜入了工程控制论的深海。他在那片无人企及的广大海域享受着只属于他的唯美与自由。

他给研究生班开设了工程控制论这门课程，自己一面学，一面教，一面写讲义。他将力学、电子、通信等各学科融会贯通，让学生耳目一新。整整三年的时间过去了，钱学森没有时间抱怨，没有时间颓废，更没有时间享乐，他穿梭在课堂和书房之间，在工程控制论这块土地上辛勤耕耘着。

在现实生活中，钱学森已经失去了自由。他的电话受到监听，信件要被拆开检查。他家附近经常有陌生人在走动，那是移民局的特工在暗中监视。蒋英在日历上做了标记，她要提醒钱学森，该去帕萨迪纳移民局登记了。移民局的传讯也时不时地到来，他们总是围绕钱学森到底是不是美国共产党员打圈圈，钱学森当然自始至终坚决否认。

然而，这一切都无法阻挡他的研究工作。那段时间，钱学森经常需要熬夜。为了不引起美方监视人员的注意，蒋英就把沙发搬进没有窗户的卫生间，这样，钱学森就按日常的作息走出书房，关上灯，然后，再走进卫生间，就在卫生间挑灯夜战。这样，监视的人就会以为他睡了，减少对他研究课题的怀疑了。

蒋英后来回忆说："他是非常用功的，我在边上看着，所以说我很尊敬他，我很佩服他。他的学识、学问不是完全凭天赋，他是后天努力的，流了大汗，像他这样用功的人可是不多的。"

1953 年，钱学森发表了论文《物理力学：一个工程科学的新领域》，这篇文章标志着钱学森开辟了一个全新的研究学科——物理力学。他提出，物理力学是一个全新的力学分支，通过对物质的微观分析，预见其宏观性质，从而服务于工程技术。

在喷气推进技术和火箭技术研究过程中，需要获取特殊或极端条件下物质或材料的宏观特性究竟是怎样发生变化的。这些变化的数据很难通过直接测量获得，钱学森按照传统方法，从微观入手，构筑起物理力学这一全新学科并撰写了《物理力学讲义》一书，1962 年这本书正式出版。1986 年，美国国家标准局的专家认为："分子动力学是钱学森教授在 20 世纪 50 年代开创的物理力学的延伸。"1991 年，钱学森指出，沿着物理力学的核心思想和研究模式，量子力学已从理论走向实用，成为一门新的工程技术——纳米技术。

1954 年，钱学森用英文写成了 30 多万字的《工程控制论》一书，并由美国知名出版商麦克劳·希尔公司出版。该书出版后引起了世界科学界的广泛关注。美国一位专栏作家这样评论道："工程师偏重于实践，解决具体问题，不善于将其上升到理论高度；数学家则擅长理论分析，不善于从一般到个别去解决实际问题。钱学森则是集两个优势于一身，高超地将两只轮子装到一辆战车上，碾出了工程控制论研究的一条新途径……"

对此，钱学森在《工程控制论》一书的序言中也写道："工程控制论使我们可能有更广阔的眼界，用更系统的方法来观察有关问题，因而往往可以得到解决旧问题的更有效的新办法，而且工程控制论还可能揭示新的以前没有看到过的前景。"

想到一个百废待兴的新中国一定需要通过大批量的工程建设去改变、去振兴，那个时候《工程控制论》就会派上用场。1955 年，钱学森就是带着《工程控制论》和《物理力学讲义》走过罗湖桥的，这是钱学森为朝思暮想的祖国准备的一份厚礼。

钱学森一生在治学专业上面临多次选择，从最初要践行实业救国的理想而选择学习铁道机械工程，到见过日本人的飞机在中国的领空狂轰滥炸后愤然改学飞机机械工程，再由美方禁止中国留学生进入航空实验场地继而改学航空理论，直至这次改行研究工程控制论。如果把这些专业点连成一条曲线，就得到了一个圆，而圆心就是钱学森的报国之心。祖国需要什么，他就去学什么！

曲折的求助

每天上午，钱学森都要抽出时间浏览报刊，在那些被软禁的日子里，他更是留意每一条与新中国有关的消息。他把这些消息剪下来，做成剪报，随时翻看着。他想着，有一天回到祖国，就像走进自己的家一样熟悉，不需要再去花时间去适应。他就是这样，把自己心脏跳动的节奏主动地调整到了新中国的节拍上了。

1953 年的夏天，朝鲜半岛的硝烟渐渐散去了。7 月 27 日，《朝鲜停战协议》在板门店签字。历时三年的朝鲜战争结束了，但北纬 38 度像一道巨大的伤口从东海岸到西海岸横亘在朝鲜半岛上，时至今日依然无法愈合。

世界在谋求和平与发展。

那些日子，他的心情很沉重。对他的软禁没有任何放松的迹象。有时候，电话打进来，钱学森拿起话筒接听，他说出几声"Hello"后对方仍然不出声，就挂了电话。钱学森知道，这是移民局官员惯用的伎俩，他们只是想确认钱学森有没有离开。

有时，钱学森望一会儿天上的白云，长叹一声，感慨人不如一片云，云虽随风走却有自由，他自己却不知道除了等待什么时候才能有自由。

1955 年 6 月的一天，钱学森无意间在小商贩送来的菜篮底下看到一张《人民画报》的画页。这是一则中国人民庆祝五一国际劳动节的消息，毛主席在天安门广场上参加五一国际劳动节的庆典。钱学森被图片上热烈的场面感动着。这是怎样一个国家？劳动人民在自己的政府的保护和支持下，聚集在一起，敲锣打鼓，载歌载舞，欢乐而自由地庆祝自己的节日。钱学森想，在人类历史上，劳动者从未像在新中国这样获得过如此的尊重。劳动是一切幸福的源泉，这样的国家虽然眼下还很贫穷、落后，但未来一定会富强起来。

这张照片下方附录着参加庆典观礼人员的名单。钱学森的眼睛从一个个名字上掠过，突然，他的目光在一个名字上停住了：陈叔通，父亲的老师。

一个自救计划在他心里瞬间生成。他要向祖国求救，让祖国知道自己的处境。

6 月 15 日，钱学森用端正的繁体汉字给陈叔通写了一封信。

"被美政府拘留，今已五年，无一日，一时，一刻不思归国参加伟大的建设高潮。……学森这几年中，惟以在可能范围内努力思考学问，以备他日归国之用。"

他还随信附上了一篇《纽约时报》的剪报，其中刊载了他被滞留美国的情况。

信怎么能寄出去，他是动了很多脑筋的。他早就注意到他家附近的那个商场里有邮筒。

他并不知道陈叔通的地址，只能通过父亲转交。但是，以他的名义寄给父亲的信件都有可能被拆开检查，这样的求救方式无疑是非常危险的，而且很可能会带来更大的麻烦。于是，他决定先让这封信去比利时走一趟。

那时候，蒋英的妹妹正在比利时，钱学森把写好的信用一个小一点儿的信封封好，写上父亲的地址，又把这个小信封夹在蒋英写给妹妹的信里，然后，又让蒋英用左手在大信封上写上妹妹在比利时的地址，这样做是为了避免联邦调查局根据笔迹找上门来。

他装作和蒋英一起去商场。然后，蒋英进去购物。特工的目标肯定是钱学森，他们不会跟踪蒋英。钱学森在外面找了个地方坐下等候，很多男人不喜欢逛商场，这没什么不妥。蒋英在商场，东走走、西看看，装作购物，渐渐走近那个邮筒，乘人不注意，把信投了进去。

这封信几经辗转，终于到了陈叔通的手上。陈叔通当时是全国人大常委会副委员长。他感到这封信非同一般，就转交给了中国科学院副院长竺可桢。之后，这封信又经陈毅副总理批示交给了外交部。

钱学森在美国的遭遇牵动着国内的科学界和中央高层领导。中国政府在道义上对美国的做法予以强烈谴责，同时也在试图通过外交途径设法援救钱学森。外交部火速把这封信转给了正在日内瓦谈判的中方代表王炳南。外交部指示王炳南：这是一个铁证，美国当局至今仍在阻挠中国平民归国，你要在谈判中用这封信揭穿他们的谎言。

1953年7月，朝鲜战争停战。停战虽然是和平的开始，但较量却被拉到了谈判桌上继续进行着。

1954年4月，阿尔卑斯山上的积雪渐渐融化，流入美丽的日内瓦湖。瑞士日内瓦有着深厚的人道主义传统，这里迷人的风光曾经唤醒过人们心中对和平与美好的向往。美、英、法、中、苏五国外长会议就在这里举行。

那时，中美关系仍在僵局中。英国很快找准了自己的位置，在中国与美国之间来回斡旋。中方的诉求是解除对钱学森这样的大批学者、留学生和侨民的扣留，允许他们回国；美方的诉求是希望中方释放侵犯中国领空被俘的飞行员和在中国被捕的美国间谍。双方意图都明确了，6月5日，中美代表在日内瓦联合国总部大厦开始直接接触。到7月21日，中美就学者、留学生和侨民问题进行了4次接触。会后，磋商的形式改为驻日内瓦领事的会谈，中美之间又谈了11次。

时间来到了1955年8月1日，在日内瓦联合国总部大厦里，中美大使级会谈正在紧张进行，双方的代表都是老对手，这次中美大使级会谈是出结果的重要历史时刻。这一时刻也直接关系着钱学森的命运，关系着大批在美国的学者、留学生和侨民的命运，甚至关系着中国科学技术发展的未来。

中方代表王炳南宣布：中国政府已经在7月31日提前释放阿诺德等11名在朝鲜战争期间被俘获的美国飞行人员。这是一个外交姿态，显出了中方的诚意。8月2日，中美大使级会谈继续进行。中方重申美国政府仍在限制中国学者、留学生和侨民返回中国。美方代表矢口否认，显出一副既傲慢又无辜的样子。随即，王炳南出示了钱学森的亲笔信。美方代表约翰逊脸上露出非常尴尬的表情，他表示立即向美国政府汇报。8月4日，中美两国大使继续举行第三次会谈。美方代表约翰逊告诉王炳南，美国同意钱学森回国。8月5日，美国司法部移民局通知钱学森，允许他离开美国。

"终于盼到了这一天！"用欢天喜地这个词形容钱学森和蒋英的心情一点都不为过。

五年前，也是8月，他们整理打包好的那八个大木箱子被美国移民局翻了个底朝天。移民局"研究"了两个多月后，没有发现什么有价值的证据就给退了回来。五年来，那八个大箱子就一直堆放在一边，没有再被打开，他们随时准备再度出发。

他们租住的房子只签一年的租期。从1950年到回国前，他们搬了四次家。他们的生活被挤压到极简，客厅里只有一张餐桌，几把椅子。

蒋英是一位音乐艺术家。那时两个孩子还小，她要自己照料他们，自己做家务，她没有雇佣保姆，她怕请来的保姆被移民局收买，怕家里多一双警觉的眼睛。她把一家人随身的生活用品装在三个手提箱里，她把家当精简到如此程度，就是为了方便搬来搬去，说走就可以走。

现在，他们可以大大方方、名正言顺地安排行程了。最优的选择是飞机，但近期已经没有票了，他们只能订船票。最近一班船票是 1955 年 9 月 17 日从洛杉矶起航到香港的"克利夫兰总统号"邮轮，也只有三等舱了，他们不想等了，就预订了三等舱。

临行前，钱学森和家人一起去辞别他的导师冯·卡门。他给冯·卡门带去了他写的《工程控制论》和《物理力学讲义》。冯·卡门认真地翻看着，他说："你现在在学术上已经超过了我。"钱学森后来说，导师冯·卡门的这句评价使他"有生以来第一次这么激动"。这位孤独的老人深情地说："回你的祖国效力去吧，科学是不分国界的。"冯·卡门感慨万分。他认为，美国把火箭技术领域最伟大的天才、最出色的火箭专家拱手送给了红色中国。冯·卡门拿出一张自己的照片，写下了"不久再见"并签名留念。这一年，冯·卡门已经 74 岁了，钱学森 44 岁，此后他们再也没有见面。

1955 年 9 月 17 日，钱学森一家登上了"克利夫兰总统号"邮轮。这一天正是钱学森和蒋英结婚八周年纪念日。离开洛杉矶的时候，钱学森成为记者们追逐的对象。《洛杉矶时报》记者采访了他，他表示："我非常高兴能回到自己的国家，我不打算再回到美国……当我回到祖国时，我将竭力和中国人民一道建设自己的国家，使我的同胞能过上有尊严的幸福生活。"钱学森余生一直践行着面对广阔而深邃的太平洋许下的这句诺言。

前来送行的人们很多，鲜花摆满了他们的船舱和通往船舱的过道。

加州理工学院的杜布里奇院长没有到码头为钱学森送行。就在临行前，钱学森和杜布里奇又见了一面。他在钱学森的眼睛里看到一道光芒。那是一道久违的光芒，那是一个人展望未来，充满信心、充满自豪的时候眼睛里才会有的光芒。

那天，杜布里奇说了一句意味深长的话。他说："钱学森回国绝不是去种苹果树的。"杜布里奇好像一直也没有真正理解这个脸上总是带着谦和笑容的中国人为什么执意要回去，他在反思是不是自己不够努力，是不是校方给出的薪资不够多？是不是美国军方过度敏感？眼前的这个结果他不能理解。但是，他更无法理解的是钱学森 20 年前的"出发"本来就是以"回去"为目的的。

随着汽笛一声长鸣，钱学森站在甲板上向送行的人们挥手告别。他站在舷梯上，微仰着头，挥动着手臂，向这片曾经给予他无上荣耀，同时也带给他莫大屈辱的土地告别。20 年前，风华正茂的时候奔赴这里，与今天硕果累累时的坦然告别同样重要，同样对他的一生影响深远。从此，他将回到东方那片神奇的土地，他将以一个引领者的姿态，与千千万万个劳动者一起效力于他的祖国和人民。

罗湖桥头

1955 年 10 月 8 日，在晨光中，海平面上渐渐浮现出陆地的轮廓，那就是香港。

钱学森心情难以抑制地激动。他后来写道："我热切地望着窗外，经过这 20 年漂泊在美国的岁月之后，现在我终于要回到家乡了。"

这是"克利夫兰总统号"邮轮的第 60 次航行。邮轮上还有 30 多位从美国回到中国的学者和留学生。航行中，钱学森还拿出自己的剪报，和他们一起分享新中国的信息。他还叮嘱大家：无论回去做什么工作，都要尊重老同志，因为很多老同志都是有着赫赫战功的新中国英雄。

就在钱学森一家还在辽阔的太平洋上航行的时候，周恩来总理已经作了周密部署：好好接待钱学森，科学家是我们国家的栋梁之材。上船后，钱学森收到了一封神秘的电报。电报的署名是父亲，字里行间充满对他的关切，但从口气和说的事情都不像父亲，特别嘱咐他"沿途切勿下船"似有特殊而重要的意义。钱学森很敏感，他当时就意识到，不管这电报是谁发出的，都必须认真照做。后来，见到父亲的时候，他特意核实这件事，父亲说没有发过这样的电报。两个人一头雾水。直到 50 年后，钱学森才知道,给他发电报的是外交部。

当时，虽然美国批准了钱学森的归国请求，但是，为了不在中途节外生枝，外交部便以他父亲的口气发了这封电报。

当时中美之间没有建立外交关系，香港还在英国统治之下，社会很复杂。为了保证钱学森和"克利夫兰总统号"邮轮上同行的学者和留学生的安全，中国政府通过中国旅行社与香港当局联系，用驳船接他们在九龙登岸，然后在深圳罗湖口岸通关回国。

香港当局迫于美国的压力，通关的时候执行的是"押解过境"的命令。

英租地香港与中国深圳之间是不到50米宽的深圳河，河水缓缓流淌，河面明亮如镜，窄窄的罗湖桥上的粗木雨淋日晒，走上去吱吱作响。桥的一边是五星红旗，一边是英国的米字旗。全副武装的军人面无表情，荷枪实弹，气氛十分紧张。

钱学森太重要了，不知道那些中国的敌对势力会耍什么花招，更不知道在这临近红色中国的时候，他们会不会抓住这最后的机会动手。钱学森的长子钱永刚曾回忆："走出香港海关，走上罗湖桥，步步惊心。"蒋英蹲下身子，搂过两个孩子，对他们说，"如果听到枪声，不要慌，马上卧倒，趴在地上不要动，等枪声没有了，就去找附近的叔叔阿姨，妈妈顾不上你们了，妈妈要扑到爸爸身上，保护爸爸。"

紧张很快就被喜悦打破了。跨入中国土地的一瞬间，他们中间有人蹲下了身体，双手抚摸着祖国的大地，流下了泪水。他们拥抱着，欢呼着，仿佛重获新生。

中国科学院秘书处负责人朱兆祥受国务院副总理陈毅委托，到深圳罗湖口岸迎接钱学森一家。朱兆祥此前不认识钱学森，为此他特地去了一趟上海，向钱学森的父亲要了一张钱学森一家人的照片。因此他一下子就认出了钱学森一家。两个孩子一见到他就拉着他叫叔叔，孩子们和他们的父母一样沉浸在归国的幸福中。朱兆祥称与钱学森同船回来的这30多人都是光荣的爱国者，他回忆说："每个人都带着激动的泪痕跨入国门。"他们中有一位叫孙湘的教授，从手提包里拿出了一张他们出发当天的《帕萨迪纳晨报》，上边的通栏标题是《火箭专家钱学森今天返回红色中国！》

钱学森一家在广州短暂停留后，10月10日，乘坐火车去往上海看望父亲。又到杭州、交通大学看望师友，并与师友们一起座谈。10月28日，钱学森一家来到了北京。中国科学院领导和华罗庚、周培源、钱三强等20多人到火车站欢迎他们的到来。随即而来的一些接见、会谈、宴请，让钱学森和首都科学界沉浸在久违的喜悦中。

11月1日，中国科学院院长郭沫若在北京饭店为钱学森举行欢迎晚宴。事后，参加晚宴的竺可桢写下了这样几句话："钱已七八年不见，比前苍老甚多，虽只43岁，恐因在美国被软禁5年所致。"

11月5日，国务院副总理陈毅接见了钱学森，代表中央人民政府欢迎钱学森的归来。

届时，新华社的记者采访了钱学森，他感慨地说："我要把我全部力量献给社会主义建设，为祖国培养迫切需要的科学研究人才。"《人民日报》也刊发了一篇以《热爱祖国的科学家钱学森》为题的长篇报道，介绍了钱学森艰辛的回国历程和回国后的感想。报道中钱学森说："我愿意把自己二十年来从事科学研究工作的成果完全贡献出来。……能为祖国服务我感到光荣和骄傲。"

第四章　垒土高台

一锤定音

　　一个多月的时间，在人们看来，钱学森一直沉浸在访亲会友的兴奋中。但是，夜深人静的时候，他端着一杯茶，一个人坐在书桌前，心头会滚过一阵阵的疼痛。国内的贫穷和落后还是深深地刺痛了他，他感到要做的事情真是千头万绪。

　　他要找到一个通道、一条路径、一种方式，找到融入这场伟大的社会主义建设热潮的切入点。正像他说的那样，他要把自己积淀了几十年的学识和在美国 20 年练就的才干都拿出来，拿给自己的祖国和人民。

　　就在这时，围绕着他、围绕着应该给他一个什么样的舞台，怎样发挥出他的才智的考量正在新中国的领导者们心中谋划着，一幅关于中国未来科技与中国未来国防发展的蓝图正在渐次展开。

　　中华民族历来以爱好和平著称于世，是举世闻名的"礼仪之邦"。中国人不好战，反对侵略、反对战争。历史上，张骞与班超出使西域、鉴真东渡、玄奘西游、郑和七下西洋都为人类文明交流和友好发展作出了重要的贡献。

西方列强不一样，他们打着海洋文明的旗号，凭借着坚船利炮，做起了强盗。"二战"结束后，美国为了自身利益仍然盘踞在亚洲。在抗美援朝战争中，以美国为首的联合国军节节失利，美国国务卿杜勒斯叫嚣："如果不能安排停战，美国将不再承担不使用核武器的责任。"同时，美国还同蒋介石签订了《共同防务条约》，称"台湾海峡安全受到威胁，他们有权使用原子弹。"

美国核武器弹头指向了中国，960 万平方公里的土地全在强权和野蛮的射程里。

当敌人露出獠牙并对你虎视眈眈时，无论多么爱好和平，也要操刀自卫，否则就只能受人宰割或沦为奴隶。在这样的处境之下，中国人民不能不为了自己的安全考虑。毛泽东主席当即指示周恩来总理，着手论证中国制造原子弹的可能性。

1955 年 1 月 15 日，周恩来在中南海西花厅约见了地质学家李四光和物理学家钱三强，了解了我国铀矿资源和核科学发展情况。第二天，毛泽东在紫光阁亲自主持绝密会议，拉开了中国核工业的序幕。

与此同时，营救钱学森的工作正在周恩来的指挥下紧张地进行着。

钱学森踏上祖国领土的那一刻，就已经进入了中央军委、国防部的视野。

1955 年 11 月 21 日，星期一。钱学森早早地起床，换上了新的咔叽布的中山装和北京布鞋。他要正式到中国科学院报到上班了。

一进中国科学院的大门，他就听见了副院长吴有训爽朗的笑声。钱学森回国后初到北京，就是吴有训到火车站接他的。一阵寒暄过后，钱学森急着领任务。吴有训笑着说："先不忙，建议你先到东北转一转，熟悉熟悉国内的工业情况，咱们国家的家底都在东北呢。"

东北是中国工业的摇篮。日本关东军被赶出东北的时候，他们拆的拆，炸的炸，留下了一堆烂摊子。就是在这个烂摊子上，中国人开始了自己的工业化进程。钢铁、煤炭、化工，机车、机床、仪表，还有沈阳的飞机厂、长春的汽车厂、大连的造船厂，等等，都为国民经济发展和国防安全提供了有力的保障。东北素来被人们称为"共和国的长子"。一个家庭中，长子意味着承担更多的责任，使命在身，要默默地扛起来。东北在我国工业化进程中扮演的正是长子般的角色。

先去看一看，熟悉熟悉情况也正合钱学森的心意。第二天，钱学森就开始了他的东北之行，第一站是哈尔滨。

十一月的哈尔滨已经是银装素裹。这座北方名城充满异国风情，素有"东方莫斯科"之称。圣·索菲亚教堂巨大的穹窿顶部在冬日的阳光下金光闪烁。这座始建于 1907 年拜占庭风格的东正教堂，最初只是沙俄东西伯利亚第四步兵师修筑中东铁路时修建的一座随军教堂。繁忙的中东铁路让这里成了国际性的商埠，先后有 33 个国家，16 万余侨民聚集在这里，19 个国家在这里设立领事馆。圣·索菲亚教堂在 1923 年 9 月重建，后来成为远东地区最大的东正教堂。它见证着半个世纪以来这片土地上的沧桑故事。

显然，钱学森无意看风景。

钱学森被安排住进了一座在当时看起来非常豪华的建筑里，这里曾经是俄国驻哈尔滨的大使馆，始建于 1903 年，当时叫大和旅馆。

他向陪同人员打听起他的两位在加州理工学院时的朋友。一位是他指导的博士生罗时钧，一位是空气动力学家庄逢甘。他在美国时听说这两个人在哈尔滨的一所军队大学工作。

他们说的这所军队大学其实就是中国人民解放军军事工程学院，也就是后来赫赫有名的"哈军工"。当时的"哈军工"是保密单位，钱学森要见这个学院的人，需要向上级汇报。陪同人员逐级请示到了中国人民解放军副总参谋长陈赓，也是"哈军工"的首任院长兼政委。

陈赓心中一喜，立即就同意了。

此前，陈赓曾向国防部部长彭德怀建议，尽快请钱学森考察中国人民解放军军事工程学院，听取钱学森对中国火箭研发的意见。彭德怀立即向周恩来总理和毛泽东主席做了请示，他的请示得到了赞同。就在彭德怀正要转告陈赓，可以邀请钱学森考察中国人民解放军军事工程学院的时候，钱学森已经到了哈尔滨。

很多历史的瞬间，人们常常惊叹竟如此地巧合，但很多时候，人们内心的愿望却是背后看不见的推动力量。

11月25日上午8点多，钱学森乘坐的轿车缓缓驶入中国人民解放军军事工程学院。他刚一下车，一群军人向他走过来，他们一个个神采奕奕，散发着军人特有的英武气质。走在最前面的人向钱学森伸出了热情的手："欢迎钱先生，我是陈赓。"

钱学森走上前，两双手握在了一起。他感受到了这双手的热度和力量。钱学森对军人并不陌生，他清楚，他所从事的火箭、导弹的研究必然要通过军力力量才能成为国家的力量。只是他有些诧异，昨天陪同人员还说陈赓在北京。

陈赓说，他是今天一早乘专机从北京赶过来的，就是为了专门陪他考察。

一个整天，陈赓都在陪钱学森参观。钱学森看得很仔细。出乎他意料的是，除了罗时钧和庄逢甘，他还见到了其他几位老同学、老朋友。陈庚说："学院缺人才啊，这些专家都是从各地'挖'来的。"

下午，钱学森见到了搞火箭研究的任新民。他向钱学森介绍了室外固体火箭点火试车的实验。任新民指着一个10多米高的铁架子，说："不怕钱先生笑话，我们做比冲试验，方法很原始，另外用火箭弹测曲线，也是笨办法上马。"

钱学森说："不容易。你们的研究工作已有相当的深度，尽管条件有限，已经干起来了嘛。迈出这一步，实在出乎我的意料。"

陈赓抓住话题，马上问钱学森："钱先生，你看我们中国人能不能搞导弹？"

钱学森不假思索地回答："有什么不能的？外国人能造出来的，我们中国人同样能造出来。难道中国人比外国人矮一截不成？"

陈赓听了，大笑道："钱先生，我就要你这句话。"

"我们中国人同样能造出来"，这句话说出口，对钱学森来说，没有经过思考，这就是他的本能，他的内心。

在美国20年，他无数次地感受着西方人对中国人的轻蔑和鄙视，他就是靠着一股子不服输的民族气节挺过来的。为了成绩优秀，他可以彻夜不睡地演算；为了一个独到的见解，他可以废寝忘食地思考；为了一个寻证，他可以翻遍整个资料室。他能做到的，他相信他的同胞也都能做到，就看我们有多想做。台湾海峡、朝鲜半岛、整个西太平洋没有一天是平静的，早就在他心中激荡起万丈波涛。他不是一个普通的科学家，他的专业与战争有关，与人的生命权利和尊严有关，与一个国家和人类的命运有关。他要站出来，要站在最前面，把他的祖国和人民挡在自己身后。

当天晚上，陈赓宴请钱学森和他的老同学及朋友。他们边吃边聊，话题自然离不开导弹，一幅事关未来中国的国防科技发展的蓝图，被几个充满血性的男人用语言当画笔，一笔笔地描绘出来了。

力学研究所

离开冰雪之城哈尔滨前，钱学森回望了一眼大和旅馆，在这里，是他回国后第一次那么酣畅淋漓地聊火箭、聊导弹，他感到内心的一团火焰被点燃了。

冒着零下 30 多摄氏度的严寒，钱学森继续他的东北之行。

在中国版图的东北部，连绵起伏的大兴安岭、小兴安岭和长白山形成合围之势，拥抱着中部肥沃的黑土地。黑土地上，松花江和嫩江自由流淌，婀娜蜿蜒，形成了一望无际的松嫩大平原。黑土地土质肥沃，"攥一把都能流油"。中国历史上曾经的"闯关东"就是扑奔这片黑土地的移民潮。

钱学森和车上的人一起聊着东北。1931 年，东北惨遭日本铁蹄践踏。那时候，中国人吃大米都是经济犯，在日本人、朝鲜人、中国人混居的年代，中国人被定义为三等公民，只因为中国人没有能力捍卫自己的国家和主权，只因为中国被侵略者占领。

"我的家在东北松花江上，那里有森林煤矿，还有那满山遍野的大豆高粱……"

钱学森还能哼唱起那首抗日战争中诞生的歌曲《松花江上》，哀伤的旋律唱出了东北民众和全国人民面对国土沦丧的悲愤情怀。

钱学森好像从来也没有感受过这么严寒的天气：与人握一下手的瞬间，手就被冻得僵硬、生疼；到屋里脱外套的时候还解不开扣子；在外面说不了几句话，嘴巴都冻得不灵光了，发音也发不准。尽管如此，能去的地方，他都要去看看。

从哈尔滨一路南下，走工厂、进矿山。钢铁厂、发电站、冶炼厂、化工厂、机床厂、电机厂、汽车厂、飞机厂……他每天不是在路上，就是在工厂和科研院所。他要摸清共和国的家底，我们能做什么，暂时还不能做什么，他要心中有数。他看得很仔细，问得很全面。他要给百废待兴的新中国把好脉，只有搞清楚国家的工业化进程和科研水平，才能开出"良方"。

钱学森边走边看，边看边想，他的思路渐渐清晰了。

一个大国的发展与勃兴，一个文明要融入世界的话语体系中，必须要有强大的工业做后盾，必须在工业文明的道路上大踏步地前行。钱学森认为，当下的中国首先要发展力学。力学是工程学的基础，机械、建筑、航空、航海的发展都是以经典力学为基本依据的。中国的发展必须要有强大的力学研究做支撑。抓住力学就是牵住了工业的"牛鼻子"。

考察中，一些高等院校、科研院所请他做报告，他一面向与会人员介绍国外力学发展的现状，一面和大家一起研判力学研究对未来中国科技发展的决定性意义。发展力学事业的构想在他的脑海中一天比一天清晰。

一个多月的考察结束了，回到北京已是 12 月下旬。

钱学森认为最为紧要的是组建力学研究所，推进力学研究。他向中国科学院汇报了他对发展力学的设想。他建议按照工程科学的模式组建力学研究所，它不只限于力学，还包括自动控制、运筹学、工程经济、物理力学等新学科。要在弹性力学、化学流体力学、物理力学、塑性力学和运筹学等方向上下功夫、花力气，寻求更多的突破。

1956 年 1 月 5 日，中国科学院院务会议通过了钱学森关于成立力学研究所的建议。不久，中国科学院力学研究所就在北京中关村挂牌了，45 岁的钱学森被任命为中国科学院力学研究所所长。钱学森在东北考察这一路上形成的一些构想在现实中陆续落地。

钱学森第一次出现在中国的政治舞台上是他作为新增委员，出席中国人民政治协商会议第二次全国委员会第二次全体会议。

1956 年 2 月 1 日，会议期间，毛泽东主席举行盛大宴会，宴请全体政协委员。

钱学森手上拿着大红的请柬走进中南海怀仁堂，他的座位是第 37 桌，可是，37 桌上并没有自己的桌签。这时，工作人员把他领到了第一桌，让他坐在了毛泽东主席的右边。这是毛泽东主席在宴会前审阅座次名单的时候，特意把钱学森安排在了自己身边的。这个举动吸引了全场的目光，钱学森一生难以忘怀。现场记者也给钱学森留下了一张他一生都非常珍视的照片。

毛泽东主席向钱学森伸出五个手指，说："听说美国人把你当成五个师呢！我看呀，对我们来说，你比五个师的力量大得多。"

毛泽东是钱学森所列 17 位对他影响至深的人中的三位国家领导人之一。此后，钱学森又多次受到毛泽东主席的接见，每一次见面，对钱学森来说都是莫大的鼓舞和鞭策。

北风总是轻松地越过连绵的燕山，冬天的北京万物蛰伏，等待着下一个春天的到来。钱学森的内心好像每天都是春天，每一天都生发出许多想法，他想做的事情太多了。

起初，力学研究所就挤在中国科学院数学研究所一角的几间办公室里。钱学森的办公室里只有一张旧办公桌。后来，他又特意向后勤部门要了一张硬板床，因为他经常熬夜，再加上高强度的脑力劳动，有时也需要躺下休息几分钟。他还特别交代，他的办公室的门锁，如果他在里面的时候，只能从里面才能打开。这是他多年从事保密研究的习惯。

他开始为力学研究所物色人才。

郭永怀是钱学森在美国时的知心朋友，也是一位力学家、应用数学家。1956 年 2 月，钱学森给还在美国的郭永怀写信，邀请他回国工作。他在信中说："我们现在为力学忙，已经把你的大名向科学院管理处'挂了号'，自然是到力学研究所来，快来，快来，请多带几个人回来，这里的工作，不论目标、内容和条件方面，都是世界先进水平，这里才是真正的科学工作者的乐园！"

没过多久，郭永怀回国了，任中国科学院力学研究所副所长。

中国力学学会也相继成立起来了，钱学森任第一任理事长，这个任期从 1957 年一直持续到 1982 年，在这 25 年里，他把全国的力学人才都组织起来了。

为了培养力学人才，钱学森在清华大学连续办了三期"工程力学研究生班"，共招收、培养了 100 多人，这些研究生都是从全国工科高校选拔出来的佼佼者，钱学森给他们请老师、选教材，亲自上阵讲力学。

他讲课的时候从不夹带英语。他离开中国已经有 20 年了，语言是鲜活的，在两个语境中都出现了很多新的词汇，特别是随着科学的发展带来的新概念、新信息，他一时还不了解汉语是怎么对应翻译的，他就事先做很多功课，把可能遇到的词汇列出来，和身边的同事商量译法，像导弹、激光、航天这些词都是他译出来的。他还一笔一画地练习简体字，他回国的时候，国内正推广简体汉字。

课间休息的时候，同学们也都是围着他，向他提问题。一次，有个叫何有声的学生问他："您在国外发了那么多非常有影响的文章，为什么回来以后就不发表了呢？这让我们感到挺可惜的。"钱学森笑着对他说："我不这样认为。现在我忙着办这个班，并还要为讲课做准备，自然做研究、写文章的时间就没有了，但我教出来的 120 多个学生，如果他们将来都能发表重要文章，那么 120 多个人发表的文章，跟我一个人发表的文章相比孰重孰轻？"

钱学森把他在加州理工学院感受到的自由的学术氛围带到了力学研究所。

许多人在回忆起力学研究所的那些日子时，最难忘的就是"科学文献讨论班"。钱学森把加州理工学院冯·卡门的学习小组模式复制到了力学研究所。每周安排一个下午，大家坐在一起，由学术带头人介绍最前沿的科学动态，大家一起研讨，年轻人被鼓励大胆发言。他还自己出钱买些小点心，大家边吃边聊，精神一放松，思路就打开了。钱学森向大家介绍说，冯·卡门也经常参加这样的学术争鸣。

钱学森一直倡导独立思考。

钱学森回国后带的第一个研究生叫戴汝为。戴汝为是云南昆明人。抗日战争期间，中国最好的几所大学南迁到了昆明，组成了西南联合大学，戴汝为就是在西南联大附中读的高中。1951年，他非要报考清华大学，就和另外四个同学相约去北京，一起"进京赶考"。那时候交通不便，他们背着铺盖，一路辗转，22天后才到北京。他们人生地不熟，也找不到住的地方。正赶上北京城收押妓女，前门一带有些房子空着，他们就在那里暂时落脚。结果，五个人都考取了清华大学或者北京大学。戴汝为考上了清华大学，后来由于院系调整，他又到了北京大学。1955年，他从北京大学数学系毕业，分配到了中国科学院力学研究所，在钱学森门下攻读研究生。

戴汝为一直到晚年经常说的一句话就是："我是一个幸运的人。"刚毕业，就师从著名的科学家，当然幸运。但他也是一身的干劲。钱学森每周要给力学研究所讲一次工程控制论，他和另一个同学一起负责整理钱学森的讲义，他们手头只有一本钱学森从美国带回来的英文版的《工程控制论》，戴汝为在北京大学学的又是俄语。戴汝为有股倔强劲儿，为了能够把钱学森的《工程控制论》译成汉语，他就狠下苦功学会了英语。

一次，戴汝为问钱学森："我不是学工程的，要补学点什么？"钱学森说："这样的问题不需要我来回答。"戴汝为一怔，心里想：你是导师，我是学生，我求问有什么不对吗？还有一次，戴汝为在图书馆遇到了正在看书的钱学森，他热情地凑上前问："我应该看些什么参考书？"钱学森告诉他："做科研的人应当独立思考，解决这种问题用不着问我。"戴汝为觉得很难堪。以后，他就不问了。他自己去找书，自己去摸索。当他把能找到的相关领域的书都翻了个遍，对自己的专业渐渐有了底数，心里也有了自信，他突然明白了老师这么做的良苦用心。要站在一个研究领域的前沿，仅仅靠几本参考书是不行的，广泛地浏览后，视野打开了，方向自然就呈现出来了。为此，戴汝为心里充满着对导师的敬意。

戴汝为说："老师带我们，最反对我们什么都是'是是是''对对对'的，提不出一点自己的想法。他有时还故意讲错，看我们的反应，鼓励我们去质疑。"老师还经常告诫我们："在科学面前，师生是平等的，学术上要有什么就说什么，不分职位高低。"

最让戴汝为心动的是，钱学森带着他出去工作，向别人介绍他的时候说："这是我的搭档。"搭档这个词蕴含着莫大的尊重、认可和鞭策。

后来，戴汝为渐渐成长起来了，钱学森没有把他留在身边，而是让他去了自动化研究所，给了他一片新的天地。戴汝为在学术上也取得了多项成就。钱学森说："我深感戴汝为同志是我国模式识别方面的权威之一，学术造诣深。"

戴汝为说他经常和钱学森就学术问题进行交流。钱学森写给他的信就有200多封。

那时，力学研究所每个办公室里都有两样东西。一个是挂在墙上的小黑板，这是钱学森要求挂上去的。他主张遇到难题大家一起讨论，在碰撞中打开思路和想法，这样，小黑板就派上了用场，大家三三两两地随时讨论，可以在小黑板上面写写画画。别小看这种小黑板，很多攻关项目、难点就是在小黑板上勾画出最初的雏形的。另一个是带很多抽屉的文献卡片柜。钱学森经常向同事传授自己的经验，他说："科研人员需要大量收集文献资料，养成随手记在卡片上归类备查的好习惯。"他把信息情报比喻成科学研究中的"哨兵"，因为他自己在科技情报工作中受益很大。

那时候，力学研究所的科研人员的热情都很高涨。科研工作是典型的脑力劳动，科研工作者的思考是无法量化的，他们难于把工作时间仅仅限定在八小时之内，吃过晚饭，还会去所里面继续工作。上班时间也在不知不觉中形成了三个时段，上午、下午和晚上。每一个人都想留给自己更多的时间去思考，以便解决更多的问题。

夜幕降临，天空繁星闪烁，整个研究所依然灯火通明。一个个窗口映出忙碌的身影，开会的、讨论的、画图计算的、整理材料的、伏案思考的，食堂的师傅也忙忙碌碌地为这些科研人员准备夜宵。

钱学森每天都要回家吃饭，从研究所到他家要走十几分钟，路上还要经过一片田野。有时，他的脚步飞快，行色匆匆，脚下仿佛带着风声；有时，他的头脑里好像正被一个难题占领着，周围的一切已经不复存在；有时，他是轻松的，遇上所里的年轻人，他要停下脚步聊上一会儿；有时，他就慢慢停下来，环顾一下周边的环境，让自己沉浸在那一大片田野四季不同的气息里。

国防航空工业的意见书

陈赓与钱学森见面后，马上赶回北京，向他的老首长，国防部部长彭德怀做了汇报。

彭德怀和陈赓都是从枪林弹雨中走过来的英雄。他们是靠"小米加步枪"和坚定的革命意志取得了中国革命一个接一个的胜利。在朝鲜战争中，彭德怀任中国人民志愿军总司令，陈赓任副总司令。中国人民志愿军依靠血肉之躯筑起钢铁长城，将不可一世的联合国军队彻底打败。然而，中美在国防装备上的巨大差距给志愿军造成的伤亡，至今想起来依旧让他们痛彻心扉。

当时，彭德怀还在北京医院住院治疗，他让陈赓尽快安排，他要见钱学森。

1955 年 12 月 26 日，钱学森走进了国防部部长彭德怀的病房。性格坦率的彭德怀见到钱学森后径直说："今天就是要向钱学森请教导弹的事。"钱学森早就耳闻彭大将军在战场上叱咤风云、屡建奇功的故事，除了之前心里的那份敬意，又平添了几分亲切。

彭德怀说："我们不想打人家，如果人家打过来，我们也不能平白无故让人家打。既然人家有了导弹，我们也应该有。我们先易后难，能不能先搞出一种短程导弹，比方说射程 500 千米的，这需要什么样的人力、物力和设备条件，大概需要多长时间才能造出来？"

面对彭德怀这样的发问，钱学森是有准备的，这个问题他已经无数次地追问过自己了。

钱学森没有迟疑，也不用再去思考，他坚定地说："美国军方从着手研制导弹，到试制成功第一枚导弹，大约花了 10 年时间，中国可以比他们快，五年时间就可以试制成第一枚导弹。导弹从短程到中程到洲际需要时间，需要逐步提高研制水平。"

彭德怀的目光坚定有力，他从牙缝挤出一句话："就是当掉裤子，也要上导弹！"这句话从这样一位铮铮铁骨的硬汉口里说出来，钱学森瞬间就体会到了新中国高层要研制导弹的决心。

1945年美国在日本广岛、长崎投下了两颗原子弹，给日本平民造成了难以愈合的创伤，参与原子弹研究的科学家遭到人们的诟病。奥本海默是原子弹这种足以毁灭人类的武器的主要推动者，当原子弹巨大的蘑菇云腾空而起的时候，他对那些与他一起工作的科学家们说了一句充满自责的话："妈的，现在，我们都成了狗娘养的了。"钱学森知道，美国有一些科学家就此放弃了与军事有关的研究领域，他们宁可回家侍弄花园，也不愿意参与同军事有关的科研。这个问题钱学森不是没有想过。但是，钱学森不想去顾念那么多个人的名誉得失。他想的是战争是政治的延续，一个民族的崛起，一个国家的安宁若是没有强大的国防力量做支撑，一切都将无从谈起。当敌方的原子弹打在我们的领土上的时候，作为一个中国人，他不想追悔莫及。

钱学森既然选择了祖国，那么就等于把自己放在祖国面前，让祖国选择自己，祖国需要自己做什么，自己就要责无旁贷地去做什么。

1956年元旦刚过，天上飘起了雪花，不多久，北京城就掩映在白雪中。一些身着军装的军人陆续向新街口集结，钱学森在这里开讲现代战争中的核武器。这个北京总政排演场本来是很宽敞的，但因为人太多，显得很拥挤。最前排的桌子快要顶到讲台上了，贺龙、陈毅、叶剑英、聂荣臻这些身经百战的老将军都坐在台下。讲座是保密进行的，规格也很高，解放军各兵种的将领都来了。他们很多人都知道，美国给日本扔了原子弹，但原子弹到底是个什么东西，谁都不清楚。面对这些对火箭和导弹还很陌生的部队将领们，钱学森通过形象的比喻，深入浅出地给大家讲明白了。其实，钱学森一直很注重自己的语言表达训练，和冯·卡门在一起的时候经常要讨论，他刻意练习用最简洁生动的语言表明自己的观点。将领们听了他讲的火箭、导弹后，都觉得讲得很生动，也很清晰，他们意识到了战争已经不是以往的模样了，战士个人的意志和勇敢已经不再是战争取胜的绝对因素了，现代战争的时代已经到来了。他们都觉得紧迫，都盼望着中国能早一天拥有自己的导弹。在陈赓的安排下，这个讲座连续进行了三场。

不久，钱学森又受到周恩来总理的邀请，在中南海怀仁堂向党和国家的高层领导人做导弹概论讲座，听众中有中共中央领导、国务院的副总理和各部委领导。大家很快意识到，未来的世界，导弹在国与国之间的战略制衡、战略慑空、战略决胜上的作用是不容置疑的，我国发展"两弹"的计划很快在高层领导中达成了共识，并为后来各部委之间的理解与协作也奠定了思想基础。

组建火箭军也是钱学森在讲座中前瞻性地提出来的，他描述：这支部队是不同于现有的陆、海、空三军的新型建制，它能够远距离、高精度地命中目标。60年后，也就是2015年12月31日，中国人民解放军火箭军由第二炮兵更名，宣告正式成立。这支部队是我国战略威慑的核心力量，是我国大国地位的战略支撑，是维护国家安全的重要基石。

与此同时，研制导弹的具体设想继续向上一级领导传递着。陈赓继续穿针引线。

1956年2月4日，叶剑英宴请钱学森一家，陈赓作陪。叶剑英当时担任中央人民政府革命军事委员会副主席，国防委员会副主席。聊着聊着，话题又转向了导弹。叶剑英问得很仔细，包括人力、物力、研究机构、规划，等等。三个人越谈越兴奋，关于中国未来导弹发展的设想越谈越清晰，他们三个人索性一起上车到景山前街的三座门直接找周恩来总理汇报。

周恩来总理走出来，叶剑英、陈赓迎了上去。用钱学森的话说："后来大概就谈定了。"钱学森说："总理交给我一个任务，让我写一个意见。"钱学森很快就完成了这个任务，因为他已经在心里不知构想过多少次，反复推敲过多少遍了。

1956年2月17日，钱学森向国务院递交了《建立我国国防航空工业的意见书》（以下简称《意见书》）。在这份《意见书》中，钱学森用"国防航空工业"这个词代替了火箭、导弹以及后来的航天事业。钱学森建议："立即在国防部成立航空局，实施全面的规划和领导；从全国调配力量，组建队伍；争取苏联及其他兄弟国家的援助。"2月21日，周恩来逐字逐句地审阅了这个建议书，作了一些修改，在标题下面加上了"钱学森"三个字，嘱咐秘书呈送毛泽东主席。

4月26日，毛泽东主席在中央政治局扩大会议上指出："我们现在还没有原子弹。但是，过去我们也没有飞机和大炮，我们是用小米加步枪打败了日本帝国主义和蒋介石的。我们现在比过去强，以后还要比现在强，不但要有更多的飞机和大炮，而且还要有原子弹，在今天的世界上，我们要不受人家欺负，就不能没有这个东西。"

钱学森晚年回忆起20世纪50年代的时候说："科学界发生了两件划时代的大事，一件就是决定自力更生研制核弹和导弹；另一件就是制定了《1956—1967年科学技术发展远景规划》(以下简称《规划》)，也就是常说的'十二年科学规划'。"这个《规划》凝聚着600多位科学家和科学工作者的心血与梦想，他们中很多人都是国际一流的学者。参与编制《规划》的竺可桢把这个"十二年科学规划"形象地比喻成"经过许多次煮煎"的"良药"。

钱学森深度参与了"十二年科学规划"的编制工作。《规划》中第37项重要任务是"喷气和火箭技术的建立"，就是在钱学森的主持下，由王弼、沈元、任新民共同编写的。当时，国家条件有限，有人主张优先发展飞机，有人主张优先发展导弹。钱学森观点非常鲜明，优先发展导弹。他指出：飞机对可靠性、安全性、可重复使用性都有很高要求，而当时我国工业基础薄弱，短期内不可能解决上述问题。导弹是一次性使用，技术难题相对容易解决，一旦有了导弹，就会形成国家安全的威慑力。未来，探索外层空间、探索宇宙都离不开运载火箭技术。他的这些思想体现出他作为战略科学家的宏大视野。

周恩来是钱学森列出的17位对他影响至深的三位领导人之一。

"我们体会，中国在那样一个工业、技术基础都很薄弱的情况下搞'两弹'，没有社会主义制度是不行的，那就是党中央、毛主席一声号令，没二话，我们就干，而直接领导者、组织者就是周恩来总理和聂帅。"钱学森说，"三座门见过周恩来总理后，又在西花厅开了一次会，决定搞导弹了。那天开完会，在总理那儿吃了一顿午饭，桌上有蒸鸡蛋，碗放在总理那边，总理还特意盛了一勺给我。"

这一年，钱学森觉得北京的春天好像格外短暂，一阵春风过后，就是一场春雨，万花吐蕊，春光烂漫。从力学研究所到中关村的家之间的那一片田野，已经呈现出勃勃生机，钱学森行色匆匆地走在这条路上，没有人知道新中国的火箭和导弹事业的重担已经压在了他的肩上。

中国火箭和导弹的摇篮

导弹，因为其特殊的属性，谋划、研发、试验、制造都是秘密进行的。

1956 年 4 月，国防部航空工业委员会成立，由聂荣臻元帅任主任。

5 月，中央军委、国防部以一纸绝密文件任命钱学森为国防部第五局第一副局长、总工程师兼国防部第五研究院院长。

这个时候，钱学森手下没有一兵一卒。

钱学森知道，一切都将从零开始。现在要做的事情，其实就是当年美国的"曼哈顿计划"。

但是，他面对的是科研还未形成体系，工业才刚刚起步的新中国。这令他感到困难重重，举步维艰！然而，困难能成为畏惧的理由吗？还是那句话，"外国人能干的，中国人为什么不能干！"这句话已经深深地镌刻在了钱学森的骨头里。外国人看不起中国人的学习能力，他就用自己的成绩去证明；外国人觉得中国人不会搞工程，他就写一本《工程控制论》教全世界怎么搞好工程；外国人觉得中国是个封闭落后的农业国，问他"你回去能干什么，种苹果"，他就是要回来，造火箭、造导弹、发卫星，保护国家的社会主义建设。

陈赓大将和钱学森一样有血性。钱学森回国后，就一直

在他的视线里。他穿针引线，一步步地把钱学森带到了国家
战略的大局中，钱学森也因此一步一步地接近他的科技报国
的人生理想。

方向和目标确定后，人就是决定因素。

5月29日，聂荣臻元帅主持召开了第一次关于国防部第
五研究院技术人才的专题会议。

陈赓大将抢先发言，他说："四年前，军事工程学院筹建
的时候，全国、全军支援了我们，现在应该是我们回报国家
的时候了，国防部五院的筹建，我们工程学院将义不容辞全
力配合。我们学院现在就有一批从事航空和火箭专业教学的
专家，可以抽调六名支援五院。"

陈赓大将想了一下，又说："还可以增加三到四人。"

就这样，国防部第五研究院人才的"集结号"吹响了。
中国科学院、国防科委、国务院各部委、各高校纷纷把最具
专业素养、最年富力强、最吃苦耐劳的人才推荐给国防部第
五研究院。这是一次举全国之力的人才集结。

不久，一份380位中高级科技人才的名单呈报给了周恩
来总理。周恩来没有细看这份名单，他当即作出了一个重要
指示，只要是国防部第五研究院需要的人才，都可以调用。
钱学森得到这一消息后很激动。这是一份信任，一份举全国
之力的支持。

技术骨干要考虑，党政领导也要配齐，还要考虑接收大
学生持续补充后备力量。聂荣臻元帅先后组织召开了18次专

题会议研究国防部第五研究院的人员问题。

聂荣臻元帅是钱学森所列的那份对他一生影响至深的 17 人名单里的一员。列在归国后影响他的三位国家领导人之一，也是他最直接的领导。

聂荣臻这位来自四川巴山蜀水的元帅，1919 年赴法勤工俭学，1923 年加入中国共产党。1922 年 6 月，他给父母的信中就写道："男也，虽不敢云以天下为己任，而拯父老出诸水火，争国权以救危亡，是青年男儿之有责。"他的一生都在尽一己之力，撑起国防科学技术的蓝天。1954 年，聂荣臻任中央人民政府人民军事委员会副主席，主管军队武器装备工作。他本是从战火中走出来的元帅，戎马生涯，不了解科学技术。但是，1956 年 10 月，当党中央征求聂荣臻元帅对下一步工作的意见，他放弃出任北京市市长，向中央表明了态度，他说："我们国家科学技术落后，必须尽快赶上来。国防工业和科学技术分不开，如果可能，将来可以兼顾。"1956 年 10 月，聂荣臻元帅任国务院副总理，分管科学技术工作。

在聂荣臻元帅的关注之下，国防部第五研究院的各项工作大刀阔斧地向前推进，钱学森振奋不已。东北之行，他看到了新中国实实在在的家底，用一穷二白形容也不为过，他真不知道从何处入手。但是，他心里踏实了，中国共产党的领导就是调度一切资源的核心力量。他再一次切身地体会到了社会主义制度的优越性。

为了使钱学森适应国内环境，聂荣臻元帅多次在公开场合树立他的威信，公开给予钱学森鼓励和支持。这样的领导让钱学森心里感到宽慰，他也就更放开手脚，一心投入到了科研上。

聂荣臻元帅指示为钱学森配专车，车到位后，是一辆天蓝色的美国轿车。这种型号的车当时在全北京只有两辆。聂荣臻元帅知道后，立马让工作人员换成了普通的黑色轿车。这是为了钱学森的安全着想。

国防部第五研究院的院址也必须尽快落实到位。新建是等不及的，最可行的就是在现有的资源中调配。聂荣臻元帅召来曾经的秘书安东去张罗。经过一番勘查，北京军区空军466医院和解放军124疗养院再加上北京军区106疗养院，这三个地方被选作国防部第五研究院的院址。一声令下，很短的时间内这三处就腾空了。这就是中国军队的速度。

哈尔滨军事工程学院第一批调往国防部第五研究院的是四个人。这个名单确定的时候，名单中的任新民和庄逢甘正好在北京出差。他俩接到了陈赓大将的命令，不回哈尔滨，直接去国防部第五研究院，向钱学森院长报到。

任新民和庄逢甘一开始觉得突然，然而，服从命令是军人的天职。他俩二话没说，就找钱学森报到去了。

后来，任新民回忆起这段经历。他说，他和庄逢甘去国防部第五研究院报到的时候，全院除了院长钱学森，就他们两个人。尽管如此，"钱学森一身中山装，脚上是一双北京圆口的布鞋。一口地道的北京话，脸上还带着自信的笑容。"

　　就这样，任新民和庄逢甘开始到国防部第五研究院上班了。这里曾经是北京军区106疗养院，现在刚刚腾给国防部第五研究院，里面除了残存的消毒水的味道，什么设施都没有。任新民和庄逢甘转了一圈，随即垒起一摞砖头，搭上几块木板当桌子，就开始工作了。到了晚上，他俩就打地铺。

　　钱学森看在眼里，心中涌过一阵暖流。中国人民解放军是一支铁打的队伍。他更加地对未来的事业充满了信心，因为他相信党、相信中国人民解放军、相信社会主义制度、相信全国人民的集体力量。

　　1956年10月8日，国防部第五研究院宣布成立。成立仪式是在北京军区空军466医院的食堂举行的。很巧，正是一年前的这一天，钱学森走下"克利夫兰总统号"邮轮，回到祖国的怀抱。

　　会场很简单。前面的小土台上摆着一张旧桌子和几把旧的靠背椅，中间一条过道，左右两边摆着一排排仅有巴掌宽的粗糙的长条木凳。参加成立仪式的有各部门领导、工作人员、专家技术人员和新分配来的大学生，总共有200人左右。

　　聂荣臻元帅宣读了中央军委的命令并作了讲话。

　　钱学森也讲了话，他说："这是一个宏伟的、具有远大前途的事业。投身这个事业是很光荣的。大家既然下决心来干这一行，就要求大家终生献身于这个事业。由于工作性质的关系，干我们这一行是出不了名的，所以大家还要当无名英雄。同志们，我们是白手起家，创业是艰难的，我们会遇到意想不到的困难。但是，我们不会向困难低头。我说，对待困难有一个办法，那就是'认真'两个字，只要大家认真对待，就没有攀登不上的高峰，就没有克服不了的困难。我相信我们一定会完成党中央交给我们的任务。我们一定要下决心完成这个光荣任务。"

国防部第五研究院是我国第一个导弹研究机构，被称为"中国火箭和导弹的摇篮"，中华民族惊天动地的伟大事业，就是从这样简陋的地方迈出了最具历史意义的第一步。

那时，国防部第五研究院的这几个研究所都位于北京西郊，方圆几公里之内只有一个叫小马神庙的小地方有个小杂货店，可以买到一点儿生活用品。人们已经把物质的欲望压缩到了生存的极限，他们内心的火种被新中国的未来点燃了，他们的人生也被点燃的火种照亮了。

美国在实施"曼哈顿计划"的时候，在曼哈顿工程区工作的 15 万人，只有 12 个人知道全盘计划。国防部第五研究院建立了严格的保密制度。通行证分甲、乙、丙三种，每一种又分带圆圈和不带圆圈的，每一种通行证都有适用的范围。一次，钱学森要去空气动力所，警卫战士拦住了他，他持有的红色加圆圈的通行证警卫战士没有见过。空气动力所的所长庄逢甘出来才解了围。庄逢甘要批评警卫战士，钱学森拦住了，他说，这是领导的责任，领导没有考量警卫战士是否熟练掌握了自己的业务就上岗了。

十月的北京，秋高气爽。仰望星空，钱学森想，这一年的时间里，都做了什么？开辟了两个战场：一个是中国科学院力学研究所，这个在明处；另一个是国防部第五研究院，这个在暗处。

想到这里，他会心地笑了。

为国育才

时间来到了1958年。

钱学森已经向中国科学院党组书记张劲夫表达了加入中国共产党的想法，他正在努力着。他已经把自己的人生理想和学术方向的指针调校到了新中国未来的罗盘上。

春天承载着的绿色和花香已经吹到了燕山山脉。窗外的松树历经严寒，又爆出嫩绿的新枝。

钱学森对力学研究所的未来，对新中国力学研究的方向已经有一些想法，他要和所里的人一起议一议。他约上力学研究所的党委书记杨刚毅和副所长郭永怀一起来到北京万寿山。

昆明湖碧波荡漾，大自然的气息让大家一直紧绷的神经放松下来。大家你一言我一语地勾勒着心中的未来。最后，钱学森豪迈地作了总结：上天、下海、入地，为工农业生产服务，这就是钱学森的星辰大海。

人类本能地对自然、对生存环境充满了好奇心，但人类好像从来也没有相信过自己真的能够有一天实现这样的梦想。仰望星空，人们把这样的梦想安放在了神话故事里，安放在了诗词歌赋里，安放在了音乐绘画里。在那些精心营造的虚拟的场景里，人类的生存和生命凭空又多出了一个维度。

直到科学时代的到来。科学家每一天都在被这些梦想扰动着、牵引着。钱学森想做的就是把中国人讲了 5000 多年的故事变成现实。他在布一个局，带领中国人民追寻中国人自己的梦想。

三个人都很兴奋，在愉快中达成了共识。力学研究所不仅仅是为理论研究而存在的，更是为应用研究而服务，要把力学研究的成果早一天应用在国家的建设上。

钱学森说："当务之急还是人才。"国家需要一批介于科学家和工程师之间的科技人才。他建议办一所学校，办一个专门培养满足"上天、下海、入地"需要的人才学校。说到这里，钱学森提笔就给中国科学院写了一份报告，谈了利用中国科学院资源创办一所培养新兴、边缘、交叉学科尖端科技人才的学校的想法。

当时的中国科学院院长是郭沫若。郭沫若很重视钱学森的这个报告，主持召开院务会议专门进行了研究。会上，很多人提议，咱们眼下不光缺火箭、航天方面的人才，各个领域都缺，不如办一所综合大学，专门培养尖端科技人才。很快这个提议得到了中央领导的支持和批准。这所大学就定名为中国科学技术大学，郭沫若亲自兼任这所大学的校长。

中国科学院实行了"全院办校，所系结合"的办学方针。校舍、后勤保障、招生、教学安排等筹备工作分头展开。校址就定在了北京玉泉路的政治学院二部。中国科学院和各研究所支援了一批干部、教工，还有大量的图书资料和实验设备。中国科学院的很多著名专家和学者都排班到了教学计划里。钱学森是近代力学系主任，郭永怀是化学物理系主任，华罗庚是数学系主任。

6月18日，《人民日报》《光明日报》《中国青年报》同时刊登了中国科学技术大学的招生简章。为优中选优，中央批准中国科学技术大学优先选人，1958年，中国科学技术大学从各省、市当年考生中择优录取了1600名新生。

9月初，在北京考区录取的150名新生最先接到了录取通知，学校让他们提前来报到，他们被组织起来参加义务劳动，开始亲手建设他们自己的校园，清理垃圾、整理校园、平整操场，很多人手上打起了水泡。正式开学的时候，来自全国各地的莘莘学子前来报到了，他们中许多人衣服上打着补丁；不少人没有鞋，是光着脚板从大山里走出来的；还有的在北京火车站下了火车，为了省钱，用扁担挑着行李一路走到北京西郊的玉泉路。

钱学森很欣慰，他看到年轻的学子们没有被贫穷打败，骨子里依然洋溢着献身科学的激情。他回到办公室，打开抽屉，拿出一个信封。这里装着他所著的《工程控制论》（中文版）被中国科学院评为年度科学奖一等奖后奖励给他的 10000元现金，他还没来得及拿回家。另外，还有之前买国债的利息，总共有 11500 元。他把这些钱送到了中国科学技术大学，他特地告诉学校，为学生们买些学习用具，为教研室添置些教学设备。

我们可以回溯历史，估计一下这些钱到底有多少价值。据相关资料显示，1957 年的时候，城镇居民人均可支配年收入是 254 元，农村居民只有 73 元。也就是说 1 万元，相当于40 个城镇居民、140 个农村居民一年的可支配收入，很多人可能一辈子都没有机会见过这么多的钱。

建校的时候，钱学森倾注了大量的心血。近代力学系的事情他都要一一过问，各教研室主任、主要任课教师都是他亲自去聘请的。他请到的都是像严济慈、郭永怀、蒋丽金、钱临照、林同骥这样的科学家。他对全系学生们说："我把科学院的大炮都给你们调来了。"言语之间充满了对学生们殷切的希望。

钱学森上课只带两根粉笔。他的板书工整，层次感很强，两根粉笔用完，四块黑板写满，下课铃声也正好响了。

学校的阶梯教室有扩音设备，但带着导线，他在讲台上经常走动，不方便，于是他说话就提高音量，一次大课讲下来，嗓子常常是沙哑的。他还很照顾同学们的听课感受，安排人测试最后一排能不能看见他的板书，能不能听清楚他讲课。他还让助教去调查同学们完成他布置的作业需要的时间。钱学森觉得同学们用的时间过长了，一问才知道，大多数学生家境贫寒，买不起计算尺，在计算上耗费了大量时间。他让教务人员用他的捐款给大家买了计算尺。

黄吉虎是中国科学技术大学 58 级的学生，他上学的时候用的计算尺就是学校发给他的，是用钱学森的捐款买的。这把计算尺当时是 18 元钱，在那个年代是一笔很大的开支。对黄吉虎来说，这把计算尺更是一种精神激励，他一直带在身边。

钱学森的课程考试一直采用开卷的方式进行。笔记本、教科书、参考书、字典都能带。

有位叫米博恩的学生回忆了一件事。有次上课，钱老师说："如果你 5 道题做对了 4 道，按常理，该得 80 分。但如果你错了一个小数点，我就扣你 20 分，因为小数点点错一个，打出去的导弹就可能飞回来，打到自己。"

多年后，黄吉虎受邀请回到中国科学技术大学，给同学们讲述当年和钱学森在一起的那些时光。他这样描述当时的情景："1961 年 4 月 12 日，苏联用火箭将载人飞船送入太空，尤里·加加林乘坐飞船绕地球一周并安全返回地面，这是人类历史上的一件破天荒的大事，同学们都想知道更多的载人航天飞行的知识。仅过了 20 多天，也就是 1961 年 5 月 2 日，钱学森就给学校师生作了一场关于载人宇宙飞船的精彩报告，同学们听得如痴如醉。钱学森讲了人类对航天的向往，前人的各种科技活动，载人航天的动力需求，飞行器结构的设计和制造，飞行轨道的设计、发射、制导、运行和收回，以及人的超重、失重和空间医学等一系列问题。"

黄吉虎说，钱学森给他们讲"星际航行概论"这门课，一周一次，一次四个学时。每次上课，他都要用四五分钟时间讲点航天技术方面的国际最新动态，鼓励同学们去探索，课后会布置一些思考题目。

他讲了一件印象很深刻的事情，就是"星际航行概论"的开卷考试。

那次考试是1月份，天气已经很冷了，上午8点30分开考，到中午了，大家还坐在教室里没有一个人交卷。试卷上就两道题：第一题是个概念题，占30分，大家都能答上一些；第二题非常特别，即"从地球上发射一枚火箭，绕过太阳，再返回到地球上来，请列出方程求出解。"题目很明确，可同学们就是没法下手，火箭的速度要达到第二宇宙速度是必定的了，但先得脱离地球的引力，也就是说首先要达到第一宇宙速度，再加速到第二宇宙速度；火箭的运行轨迹一定要与地球绕日轨迹在同一平面。但地球附近还有月球，地球本身还在自转。因此边界条件的确定就十分困难。同学们苦思冥想，抓耳挠腮，很难下笔。

午休的时间到了，钱学森让大家先去吃饭，饭后继续考。那天一直考到了傍晚，大家不得不交了卷。这次考试只有两个人及格。

考试反映出同学们的数理基础不够，大家也心服口服。

后来，力学系 58 级学生在校时间延长了半年。钱学森用冯·卡门和比奥写的《工程中的数学方法》作教材，给同学们补了这个短板，还给大家补了高等数学，从极限开始到数理方程。半年下来，光数学题就做了近 3000 道。这批学生因为有扎实的数理基础，工作中很快脱颖而出。钱学森认为，教书育人和搞科研一样，来不得半点虚假，实实在在的学问比什么都重要。

钱学森的研究生马兴孝回忆："那时候，钱学森给他们上课，一讲就是四个学时，课间的时候，学生们给他倒水，他说自己是'骆驼'，早上喝好了水就不再喝了，不用麻烦大家。"

马兴孝一直和钱学森保持着联系。他觉得心情郁闷的时候，就给钱学森写信报怨，钱学森马上给他回复了，信上说："到 2000 年你才 64 岁，还可以做很多事情。"马兴孝因为钱学森还记得他的年龄很受感动。还有一次在学术会议上，钱学森坐在主席台上，大声说："科大的马兴孝来了没有？你的病情是否好转了？"这样的师生之情怎能不让人动容。

钱学森的学生们都有体会，他做了你的导师，你就在他的视野中了，他那种持久的关注会一直陪伴着你。他给予你的，从来都不仅是知识、经验，还有许许多多是你从别人那里永远都得不到的精神支撑和力量。

钱学森任中国科学技术大学近代力学系主任有 20 年之久，实际上，他主持近代力学系的工作是 1958 年到 1965 年这八年时间。有人做了一个统计，中国科学技术大学近代力学系

1958 年到 1965 年这八年间共招了 1000 名学生，在这 1000 名学生中，有 8 人后来成为了中国科学院院士或中国工程院院士。大家都知道中国科学技术大学是"千人出一位"，即平均一千个本科生中能出现一位院士，这在高等院校人才培养方面是很了不起的，何况是八位！另外，那 1000 名学生中，还有七位晋升为将军，其中有两位中将，五位少将，他们大多都是国防科技战线领域的栋梁之材。

1970 年，中国科学技术大学迁往安徽合肥后，钱学森虽然去得少了，但是，他的心一直牵挂着这个他一手带大的"孩子"。他以自己的方式保持着与这个学校的联系。他多次给学校负责人写信，了解情况，建议他们开设新兴的专业。看到科大的成绩，他像一位父亲一样不吝由衷的赞美，他说科大"真是高新技术的突击手"。

第五章 国之重器

他山之石

卡尔·冯·克劳塞维茨在他的《战争论》中说："战争是解决政治冲突的最极端的方法。"尽管人们对这位德国军事理论家和军事历史家的观点颇有异议，但世界的格局还是被第二次世界大战重新改写了。以苏联为首的横跨欧亚大陆的十几个社会主义国家组成的社会主义阵营与以美国为首的资本主义阵营之间长期对峙，世界进入了"冷战"时期，直到1991年苏联解体。

在东欧，继1956年6月的"波兹南事件"后，10月发生了"匈牙利事件"。为平息事态，苏军在匈牙利首都布达佩斯发动了军事行动，国际社会一片哗然，苏联陷入外交孤立。这个时候，苏联急于寻求中国的支持，对中国格外友好，中苏关系进入"蜜月期"。中苏两国在政治、军事领域达成了高度互信与合作。

钱学森曾在《建立我国国防航空工业意见书》中指出，我们国家的航空基础工业薄弱，如果仅靠自力更生，这个过程会十分漫长，因此，可以争取援助。聂荣臻元帅认为应该抓住这个时机，请苏联帮助中国发展国防新科技，也就是在导弹、原子弹方面请苏联提供援助。这一想法得到了中央的支持。

1957年9月7日，一架苏制伊尔-18客机从北京西郊机场起飞，飞往苏联首都莫斯科。

飞机上有31人是中国工业代表团成员，聂荣臻元帅是这个代表团的团长。31人大都穿着中国人民解放军的军装，他们实际是中国政府派出的有关方面负责人和专家，专程与苏联接洽和谈判中国研制导弹的事项的。在这个代表团里，钱学森是唯一一位火箭、导弹专家。代表团里还有第三机械工业部部长宋任穷，当时第三机械工业部正着手研制原子弹。

9月的莫斯科已经有了一些秋凉。钱学森穿着一身西装走下飞机，他已经很久不穿西装了。上一次穿西装是1956年的6月，他随新中国代表团访问了苏联，那是一次不公开的访问。

当时的苏联正处在仿制德国V-2火箭阶段。第二次世界大战结束后，美国迅速实施了"回形针行动"，网罗了大批德国的火箭专家。苏联晚了一步。随即，苏联朱可夫元帅签署命令，实施了"面包换人"的计划。

苏联开动宣传机器，为肯于合作的德国火箭专家开出了优渥的条件。在德国的小镇卡夫霍本，苏军把黄油和面包摆在检查站，挂上了"来吧，这里有生存的希望"的标语。饥饿刺激了嗅觉，有不少德国的火箭专家为了生存下去，不得不向苏军投降。虽然苏联只得到了十分之一的德国火箭专家和搬不走的笨重生产设备，但还是收获了德国佩内明德火箭中心专门负责制导控制系统的赫尔穆特·格罗特鲁普。苏联在佩内明德就地组建了诺德豪森研究所，恢复 V-2 火箭制造。第二次世界大战结束的第二年，在伏尔加河下游河畔，一座 V-2 火箭制造工厂悄然开工。

美丽的伏尔加河静静流淌着。

中国工业代表团到了苏联以后，钱学森想多看看他们的导弹基地。可是，苏方总是安排钱学森与科学家见面，或是去大学演讲。有人猜测，可能是苏方怕钱学森看了他们的核心机密吧。苏方对钱学森解释说："我们的导弹基地，你在美国、德国都见过了，没有什么新鲜的。"期间，苏联还就导弹研制过程中遇到的技术难题向钱学森请教，钱学森给予了帮助，他们感激不已。

钱学森还受邀在苏联科学院作了讲座，他讲的是工程控制论。一年前,苏联翻译出版了钱学森的《工程控制论》一书，引起了苏联科学界的广泛关注。钱学森只好把与谈判有关的工作安排在晚上，常常要工作到深夜。

9 月 14 日，苏联代表团团长、对外经济联络委员会主席别尔乌辛高兴地把一叠文件交给中方，这是他们起草的协议草案。他说:"现在,中国是苏联最可靠、最信任的朋友。这样大规模的援助在苏联外交史上还是第一次,希望中国政府能早日定下来。"

10月15日,中苏正式签署《关于生产新式武器和军事技术装备以及中国建立综合性原子能工业的协定》,这个协定,后来简称为《国防新技术协定》。

根据这个协定,苏联在1957年底至1961年底供应中国四种导弹(P-2、C-75、C-2、K-5M)的样品和技术资料;帮助中国进行导弹研制和发射基地的工程设计;派遣专家帮助中国仿制导弹。中苏双方还议定:在1959年4月前,向中国交付两个连的岸对舰导弹装备,帮助海军建立一支导弹部队。

一个多月的谈判,钱学森有很多无奈,他作出了这样的判断:苏联对我国的援助是有所保留的,这是心照不宣的事实,毕竟火箭技术是一个国家的核心机密,也是国家实力的象征。

钱学森和聂荣臻元帅彻夜长谈,聂荣臻元帅说:"要我们仿制苏联的第三线甚至停了产的装备,而不给我们第一线或第二线的最新装备,苏联的意图是在新式武器和科学研究上使我们与他们保持相当的差距啊。但是,我们不要忘记自力更生。"

钱学森说:"先仿制,吃透它的设计理念。这也是美国和苏联导弹研制的步骤。"

就这样,中国导弹的发展路径也就清晰地呈现出来了,这个路要分成三步走，先仿制，后改进，再自行设计。钱学森的信心越来越足了。他说："我有个预感，我们的社会主义制度能使科研力量高度集中，意志高度统一，这比美国更适合搞火箭工程。"

深冬的边陲小城满洲里，银装素裹。这里是中苏两国交往的一处重要的空间结点。从苏联铺过来的宽轨铁路在这里联通着中国的窄轨铁路。但是，它好像被时间遗忘在了荒原之上，大部分时间，这里都是静悄悄的。

1957年12月20日，这里的宁静被一声汽笛的长鸣打破了。苏联的23770次国际列车穿过远东的崇山峻岭徐徐开进了中国的满洲里。这趟列车挂了10节车厢，中间的8节被帆布包裹得严严实实的。里面是两枚苏制P-2型地对地教学导弹，还有一个导弹营的技术装备。包括地面测试、发射、校正，等等，整整45件。随行的还有苏军火箭营的102名官兵，他们是来中国执行教学任务的，为期三个月。

站台上，两国军官互行军礼，进行了郑重的交接。在交接单上，中方签字栏写的名字是任新民。这列火车就静静地停在了站台上，等待着夜色降临。因为保密的需要，他们决定卸货转运工作在天黑以后进行。

天渐渐暗下来，任新民带领着一队中国军人开始行动了。他们把苏联列车上的货物卸下来，再装到中国的列车上。任新民带领的这支部队就是刚刚组建的中国的火箭军——导弹部队，正式的名称是"中国人民解放军炮兵教导大队"。这支队伍一部分人是从全军选拔出来的政治素质好又年富力强的军人，另一部分就是从国防部第五研究院选出来的年轻的科技人员，大都是刚来没多久的大专毕业生，共有 570 人。这次来满洲里执行任务的有 50 人，事先他们只知道是一次绝密行动，具体做什么并不知情。

一切都是在夜色里悄然进行的。

重新整装好后，为防止节外生枝，这趟专列穿过松涛阵阵的大兴安岭，在松嫩大平原和白山黑水间一路向南，沿途未做停留，直奔北京。

两枚苏制 P–2 型导弹运抵北京后，一枚运到了国防部第五研究院，一枚运到了位于长辛店的中国人民解放军炮兵教导大队营房。这个炮兵教导大队营房曾经是中央马列学院，中央马列学院也就是现在的中央党校，那时刚刚搬到了北京颐和园附近。

12 月 24 日，在长辛店的中国人民解放军炮兵教导大队营房举行了一个欢迎仪式。那枚 P–2 型教学导弹系着大红的绸子，格外引人注目。布里奥·波列任斯基中校率领的苏方火箭营官兵和中国人民解放军炮兵教导大队的官兵分立两边。

彭德怀解开了系在 P–2 型教学导弹上的红绸带，他爽朗地说："这是苏联老大哥过继给我们的'儿子'，祖国把它托付给你们了，你们可要把他当作亲生儿子看待呀！"

钱学森站在国防部部长彭德怀身边。他说："P–2 型导弹是苏联第一代产品，谈不上先进，是苏军战斗序列中退役的装备，所以叫作'教学导弹'，是供教学用的。但是，对我们来说毕竟有了教学实物，可使我们少走弯路，我在美国就没有看到这样的实物，我们要好好学。"

在钱学森的领导下，大家先是把 P-2 型导弹组装起来，科研人员对它进行解剖式的研究，摸清工作原理；炮兵教导大队的官兵则抓紧训练导弹的使用、保养和维修技术。

与引进苏联 P-2 型教学导弹同步进行的是导弹的靶场选址和建设。苏联方面派出了盖杜柯夫少将，他率领一个专家组来帮助中国靶场的选址工作。导弹试验靶场一般都选在地势平坦开阔而又人烟稀少的地方。苏联专家组和中方人员一同乘坐专机，从北京起飞，先是到了东北三省，然后飞跃到内蒙古上空，然后是宁夏、甘肃、新疆，又飞到了东部海岸线，察看海滩，又飞到了大西南，最后，苏联专家选定了内蒙古额济纳地区的一处开阔的戈壁滩。

虽然当时中方有人提出了反对意见，认为这个地区离边境线近，地形开阔，没有天然的地理屏障，无险可守，同时，没有路，生存条件恶劣，不适合建立试验场，但中央军委还是同意了苏联专家组的意见，并上报中央得到了批准。因为这里离甘肃省的酒泉近，人们称这个地方为"酒泉基地"，代号 20 号基地。

1958 年 2 月，在朝鲜战场上屡建战功的中国人民志愿军第 19 兵团回国，将士们以为可以回家和亲人们一起过年了。就在这时，一纸军令，10 万将士开赴西北大漠，开始了我国第一个导弹试验基地的建设。这里年平均降水量只有43毫米，蒸发量达3000毫米。联合国专家考察过这片区域，给出的结论是不适合人类生存。然而，这里一年里绝大部分时间都是晴空万里，是火箭、导弹发射的理想之地。这支队伍是由红军种子、抗日精英和晋察冀子弟组成的铁血雄师，他们仅用了两年多的时间就建起了导弹试验靶场，并修通了铁路，通了火车。他们在没有大型机械化设备的情况下，硬是靠锹、镐、筐，靠着手挖肩扛，用了30个月的时间，在弱水河西岸修建了一座水库，他们用火箭的名字命名——东风水库。

荒原上的梭梭树在浩荡的春风里年年倔强地吐出新绿，缓缓流淌的弱水河一次次地见证了中国航天的新高度。

人生支点

阿基米德曾说："给我一个支点，我可以撬起整个地球。"而这样的气魄恰恰就在那个支点上。

因此，钱学森要找到属于他人生的那个支点。

这时，钱学森还在担任着中国科学院力学研究所所长和国防部第五研究院院长。特别是国防部第五研究院是军事机构，他作为党外人士，在如此重要的岗位上坐镇指挥，这在我们党和国家的历史上是不多见的。钱学森的内心一直揣着这份沉甸甸的信任。

其实，一踏上祖国的土地，那些在海外的学者和留学生最先找来看的书是《中华人民共和国宪法》，但钱学森找来的是马列主义的哲学著作，是毛泽东的《矛盾论》和《实践论》。他每天即使再忙也都要抽些时间读一读，他读着既兴奋又享受。他每每把长期积累的工作经验上升到观点和方法的层面来认识，而这也正暗合了马克思主义哲学的基本方法。他按捺不住自己的兴奋，在力学研究所作了一场讲座，主题是马克思主义。一个在美国待了 20 年的人回来就讲马克思主义，大家都很好奇，国务院系统几百人来听。他说："马克思主义不是空洞的、抽象的，而是深刻地体现在科学本身上。科学家要善于从马克思主义的观点，找出科学的规律。"他的这个讲座曾经轰动一时。

触动最深的还是 1957 年访问苏联的时候。1957 年 9 月，钱学森随聂荣臻元帅带队的访问团出访苏联，在访问团里除了钱学森，其他人都是党员。一段时间的近距离相处，他感受到，大家有事一起商议，有民主、有集中、有统一意志，又有个人心情舒畅。他认识到党是一个集体，一个可爱的集体。再联想到身边那些党员同志们，他们背后似乎有着一股看不见的精神力量。

1958 年初的一个晚上，钱学森下班没有回家，他直接去了中国科学院党组书记兼副院长的张劲夫家里。张劲夫预感到了钱学森可能有重要的事情，于是选择了静静地倾听。钱学森讲了他在美国 20 年的经历，讲了他想让中国人民也过上有尊严的幸福生活的愿望，讲了他所有研究工作都是在作准备，包括每一个学术上的精深和实践上的积累就是想更多地武装自己，将来为祖国做点事情。这些目标和党的目标是一致的，光靠他的一己之力是远远不够的，为此他想要加入中国共产党。

1958 年 6 月，第一批来自苏联的导弹设计图纸已经到了北京。那些资料一件件被打开，登记、核对、复制、翻译。工作人员像挖掘出土的文物一样精细。

一天早上，任新民急冲冲来找他，告诉他，苏联给咱们的资料不全，没有火箭发动机试车和试车台的资料。钱学森心里仿佛晴天掠过一片乌云，他明白这意味着什么。就算导弹仿制成功了，没有发动机试车和试车台也不能出厂，更不能进入发射环节。

钱学森问任新民："与苏方沟通了吗？"

任新民说："沟通了，苏方答复是：等你们发动机搞成了，到我们苏联去试车。"

"留一手"。钱学森的目光停驻在窗外那棵苍劲的松树上。他感到自己需要一种力量，而不仅仅是一种热情，一种单纯的热情。这股力量代表着一个方向，代表着一种精神，代表着一个整体，代表着一个协调的机制，代表着万众一心。他要把自己投入到这股力量里，成为那个力量本身。

1958 年 9 月，国防部第五研究院开始仿制苏联 P-2 型导弹的工作。大家都沉浸在紧张和兴奋中。仿制工作计划在新中国成立十周年之际完成，导弹型号被命名为"1059"地地导弹，也就是说还有一年的时间。

1958 年 9 月 24 日，再过几天，就是钱学森回国三整年了。他为自己选择了特别的纪念方式。他正式向中国科学院力学研究所党支部递交了入党申请书，并认真地附上了自己的简历。他要把自己融入到这个马克思主义政党，这个先进的、具有生命力的政党。他要把中国共产党作为他的人生的支点，这个支点将给他智慧、勇气、方向和力量。

1959 年 1 月 5 日，中国科学院力学研究所党总支正式通知钱学森，接收他为中国共产党预备党员。预备期结束后，也就是 11 月 12 日，钱学森正式成为一名中国共产党党员。后来，他回忆说："在建国十年（新中国成立十年）的时候，接受我为中国共产党的党员，我心情是非常激动的。"

很多人可能不理解钱学森入党为什么这么激动，他的秘书张可文说："钱学森对党、对毛主席是有真实感情的。他作为一名科学家，他有很强的自尊心，但是，在美国，他受了那么大的侮辱。他曾说，毛主席敢与美国这样的世界强国抗衡，敢摸老虎屁股，他是发自内心非常佩服的，他是急切地想要为国家奉献自己。他是真正地想把自己融进党的集体里。"

入党后，钱学森感到"一种更强烈的主人翁的思想感情在促使自己前进"。

东风第一枝

历史的走向往往不以人的意志为转移。就在钱学森带领着国防部第五研究院紧锣密鼓地仿制苏联 P-2 导弹的时候，苏方对关键技术还是心照不宣地"留一手"。钱学森鼓励大家，我们要有自力更生的精神，在他们"留一手"的地方，我们要自己攻关。

这一时期，中苏两党在意识形态领域出现了严重分歧，中苏两国的"蜜月期"结束了。1958 年 7 月 31 日，苏共第一书记赫鲁晓夫访华，他提出要建立长波电台和联合舰队，被毛泽东主席拒绝了。中国军事和中国人民的命运永远要掌握在中国人自己手上，不能被任何势力所控制。中苏关系开始紧张起来。1959 年 6 月，苏方提出暂缓提供原子弹教学模型和图纸资料。原定的 100 吨不锈钢材援助协定也被反悔。"1059"地地导弹的仿制工作不得不推迟了，担子压在了国防部第五研究院身上。

钱学森坐在办公桌前，他感到一阵疲惫。刚才幼儿园园长又来找他商量活动室翻修的事情，他说，幼儿园的事情我哪懂啊。现在，国防部第五研究院已经发展到了 13000 多人了。按照中国的管理模式，他这个"一把手"不仅要带领这支队伍把导弹搞出来，而且还要照顾好员工，以及涉及员工的大事小情，甚至包括柴米油盐，都要他签字。

他长长地叹了一口气，摊开纸给聂荣臻元帅写信。他希望能从那些琐碎的管理事务中抽出身子，集中精力搞科研和技术攻关，不再担任主要领导职务。聂荣臻元帅能理解钱学森的想法。地位、级别、待遇这些人们追求的东西，已经不在钱学森的人生词典里了，他想的是怎么才能更集中有限的精力，把国防科技发展起来。1960 年 4 月 4 日，聂荣臻元帅在国防部第五研究院工作会议上明确，钱学森主持全院的研究设计工作，把他的行政工作都免去了。

聂荣臻元帅的秘书长柳鸣说："是在聂荣臻的统帅下，钱学森鼓起了克服困难的巨大勇气。"

钱学森领着国防部第五研究院的专家没日没夜地干，克服了一道又一道难关。聂荣臻元帅曾指示："有了苏联图纸和技术资料，可以加速导弹事业发展，但我们不要忘记自力更生，在仿制每一类型导弹时，要吃透它的设计理论。仿制成功后，立即开展自行设计战术指标更高的同类国产导弹。"

终于，在一家废弃的飞机修理厂里，"1059"地地导弹开始了总装。1960 年 3 月，大型液体火箭发动机试车平台完工，这是国防部第五研究院自己设计和建造的。

在苏方专家组中，有一个叫施尼亚金的专家。这是一个真诚的人，也是一个让人感动和难忘的人。他明明知道上级已再三强调火箭发动机试车和试车台的资料是技术秘密。当他看到中国朋友为了攻克这个难关，茶不思饭不想，眼睛熬得通红，他被打动了。他忘记或忽略了外交和政治上的事情，拿出纸和笔，凭着记忆，和大家一起琢磨起来，他们没日没夜地计算、画图、比量、试验，无私地帮助中国朋友建成了大型液体火箭发动机试车平台。

1960 年 7 月 16 日，苏联政府照会中国政府，撤走全部在华专家，废除双方签订的 257 个科学技术合作项目。随着苏联单方撕毁《国防新技术协定》，1960 年 8 月 24 日，最后一批苏联专家撤离酒泉卫星发射基地。

临走时，施尼亚金感到很痛心。他不知道发生了什么？他摇摇头、耸耸肩，无奈地看着他的中国朋友们。他们一起吃、一起住、一起克服困难，已经有些时候了。此刻，他不得不放下手上的活儿。他像一个工头儿，正和一群工匠一起盖房子，但现在，突然被叫停了，残垣断壁，半半拉拉的，这算什么！他感到很无奈，也感到很内疚。他悄悄地把自己的笔记留给了中国朋友。

临走的时候，他说："等中苏关系好了，我再回来。"施尼亚金在图纸之外帮助中国朋友的做法被苏方认为是泄密，回国后，他受到了严厉的惩处。1993 年，已经 90 岁高龄的施尼亚金来中国看望老朋友，他是自费来的，这里有他的中国朋友，这里是他的一个心结。

劫波过后，老朋友重逢，他和一些同样年迈的中国老友相拥而泣，共同回忆了那段难忘的艰苦岁月。

但是，当时也有苏联专家临走说了一些风凉话："我们走了，不出两年，你们的这些设备就得锈成破铜烂铁。""离开苏联，中国要是自己能把导弹发射上天，我们愿意买专利。"这些轻蔑的话让大家感到十分痛心。

中国人是有尊严和血性的。苏联专家撤走的第二天，酒泉基地党委就召开了紧急会议，统一思想。下午召开了全体官兵动员大会。三天后，酒泉基地党委代表全体官兵向国防科委呈送了请战报告。全体官兵表示，一定要把导弹送上天，要让全世界见证中国人离开苏联，靠自力更生，奋发图强，依然可以走出一条自主发展的道路。

1960 年国庆节后的一次宴会，钱学森把憋在心里的话痛痛快快地说了出来。那天，陈毅、聂荣臻和陈赓宴请一些著名的科学家。

聂荣臻说："逼上梁山，自己干吧！靠别人是靠不住的。以后就靠在座的大家了，党中央寄希望于我们自己的专家！"

钱学森说："聂帅说中国的科技人员并不比别人笨，这是客气了。我说：中国科技人员是了不起的。我们不仅有聪明智慧，我们还能够艰苦奋斗。只要国家给了任务，大家就会夜以继日、废寝忘食地去干，甚至为此而损害健康，直至牺牲，也不泄气。有了这种精神，我们就不怕落后、不怕困难。我们一定要赶上去，我们能够赶上去。"

豪言壮语之后，就是为了实现目标作出的艰苦努力。时间见证了中国人民用汗血创造的一系列人间奇迹。难关一个个被攻破，成果一项项被创造。

1960 年秋天的一个下午，随着一声爆炸声，一块钢板被炸成了小碗的形状。在场的人都惊呆了。这是在中国科学院力学研究所的操场上完成的一次试验。钱学森将其命名为"爆炸力学"。火箭发动机上有一种喷嘴，形状复杂，用一般的机床难以加工，钱学森提出利用爆炸产生的巨大压力使喷嘴成型。经过三年多的努力，终于成功加工出形状复杂、精度极高的喷嘴。这就是中国科学家独创的爆炸力学。后来，爆炸力学在国家重点工程建设上屡建奇功。

不久，中央军委作出决定，"1059"地地导弹于 11 月 5 日发射。

1960 年 10 月 23 日 0 时 45 分，一列由 18 节车厢组成的专列从北京永定门车站出发了。车上装载的就是"1059"地地导弹。

在新中国成立初期，"1059"地地导弹的仿制是一项庞大的工程，也是一件举全国之力的事情。全国共有 1400 多个单位参与，涉及航空、电子、兵器、冶金、建材、轻工、纺织等领域，其中承担主要制造任务的企业就有 60 多家。很多参与生产制造的技术人员和工人师傅并不知道那个承载着中华民族强国梦想的装备上竟有自己亲手而为的零件，他们仅仅知道，自己手头上是一项紧迫的工作，一件特别重要的工作，一件值得他们付出心血的工作。

负责导弹押运的是钱学森的得力助手耿青。耿青 16 岁就参加了新四军，17 岁入党。他的父亲是杨朝汉，我国著名的国际问题专家和军事评论家。耿青是在战火中成长起来的。他转战大江南北，从朝鲜战场到西藏，又从西藏调到钱学森身边，负责国防部第五研究院科学技术部工作。他到国防部第五研究院时已经38岁了。来到这个科研单位，耿青是出乎意料的，他没有多少文化，但是，他有的是从战场上摔打出来的不服输的劲头。他从头学起，俄语、英语、高等数学、高能物理学、导弹学、军事系统工程，能学的他都学了。钱学森看重他的这股子劲头，称他是"两栖人才"。

钱学森对耿青交代，水平陀螺仪是"1059"地地导弹最精密的部件。耿青再次去现场仔细看了这个仪器，这个仪器怕碰、怕震，他心里有了一个主意。耿青找了几个人成立了一个小组，包括他自己在内。他决定，把水平陀螺仪抱在怀里，他们几个轮换着，一路坐着把这个"宝贝"抱到了20号基地。

1960年10月27日，"1059"地地导弹运抵发射场。11月3日，现场对"1059"地地导弹进行了一系列的单元测试和综合测试后运往3号发射区，吊到了起竖托架上。

11月4日，钱学森到达现场，坐镇指挥发射。他再次仔细检查发射前的准备工作。现场的气氛紧张而严肃。钱学森知道，过度紧张反而会带来思考卡顿和动作的变型，他一再做着让大家都放松一些的努力，但对所有的人来说，这不是一次寻常的发射。

就在1960年10月24日，也就是"1059"地地导弹从北京出发的第二天，苏联发生了一件世界导弹研发历史上的惨烈事件，苏联国防部副部长、炮兵主帅和战略火箭军总司令涅杰林以及发射场上的 160 名工程科技人员全部遇难。

那天赫鲁晓夫正式访问美国。临行前，他对涅杰林说："当我赴美国谈判，我的脚踏上美利坚合众国的土地时，你要给我放一枚导弹，吓唬吓唬美国人。"

苏联准备发射的是 P–16 洲际导弹，但在发射前出现了故障，按照规程，需要卸载液体燃料，但涅杰林明白，那样就无法按时完成赫鲁晓夫的安排，涅杰林不得不冒险抢修。

幸运没有光顾他，现场发生了猛烈的爆炸。

中方很快获知了这一情况。聂荣臻元帅叮嘱："一定要沉着、冷静，做到万无一失。"

此时，"1059"地地导弹正行驶在广袤的华北大地上，正向着 20 号基地进发。

就在这时，一个科研人员急急忙忙跑来报告：导弹舵机出现漏油现象。顿时，现场更加紧张了起来。经过仔细检查后发现是舵机油压轮泵光洁度不符合要求造成的。

钱学森想起，在执行美国的"曼哈顿计划"的时候，一些女雇员在为气态扩散所需的滤镜加工原材料时，在她们的生理期会暂时被调到别的岗位，这是因为人的手在生理期排汗比平时多，这会让这些灵敏异常的金属材料沾染有机物而影响质量。

这是我们第一次进行导弹发射，导弹的制作和发射是技术和精度密集的系统性工程，不能有任何闪失。钱学森果断决定更换掉这个部件。11月的大漠戈壁寒风刺骨，技术人员在凛冽的寒风中奋战着。

钱学森等待着。他稳稳地坐在一把木椅上，一动不动。平日里他脸上的那些谦和的微笑不见了，取而代之的是凝重。他的目光显得刚毅而敏锐，审视中充满着判断力。他紧闭着嘴，嘴唇有些干裂。

他终于接到报告：排除了故障。一切都平静了下来，钱学森需要做的和能够做的仿佛就只有等待。突然，就在这时，总设计师又向他报告：零点触发发现故障。

一个扎着两条小辫子的小姑娘是这个节点的负责人。没有现成的人才，所有人都是边干边学，这个刚毕业不久的小姑娘也不得不承担起重要责任。钱学森一字一字地说："10个小时之内排除故障。"他神情沉稳，语气坚定。这个时候不需要情绪，但需要信念。

四个小时一分一秒地过去了，故障排除了。小姑娘由于高度的紧张和巨大的心理压力使面部神经出现麻痹，嘴歪了。花季的小姑娘在一块亮晶晶的金属板上看到反射出的自己，她嘴上拒绝着大家的关切，泪水却无声地流了下来。

其实，这种紧张和巨大的心理压力是所有参与"1059"地地导弹的科技人员都不得不去承受的，他们没有退路，只有前行、继续，从头再来，那是他们唯一的选择和出路。我们无法单一地去考量每一个人的心理，但这就是钱学森带领的这支队伍的核心精神。他们每一个人都把自己的命运与新中国的安危荣辱牢牢地拴在了一起，只要为了新中国的那个目标，个人利益就算不得什么，哪怕是牺牲。

11月5日清晨，天空湛蓝如洗，茫茫戈壁雄浑、静穆。高高的发射架闪烁着银色的光芒，气温降到了零下20摄氏度，这是一个利于发射的好天气。

眺望远处高高的发射架，在一个瞬间，钱学森心里默默地念叨了一句："尊敬的杜布里奇先生，这就是我种的苹果树。"加州理工学院的杜布里奇院长曾经劝说他不要回国，他说："中国还是一个农业国家，你学的这些没有用武之地，难道你回去种苹果树吗？"

9时2分28秒，随着巨大的轰鸣声，"1059"地地导弹拔地而起，腾空飞向蓝天深处。

指挥中心传来"发现目标，飞行正常"的报告。

7分32秒后，"1059"地地导弹在550千米以外击中目标。

五年的时间里，钱学森没有一天不想着今天。因为他对彭德怀元帅说过："美国军方从着手研制导弹，到第一枚导弹试射成功，用了整整十年的时间。我们可以更快，我们五年就能做到试射成功第一枚导弹。"

钱学森印证了他的预想。这枚代号"1059"的地地导弹被正式命名为"东风一号"。周恩来总理曾经把中国组建的第一支导弹部队"地对地导弹营"称之为"东风第一枝"。中国的导弹命名也取了"东风第一枝"的喻义。随后，20号基地又试射了两枚"东风一号"导弹，至此，"东风一号"开始装备中国人民解放军。

重整旗鼓

钱学森的梦想远不只是"东风一号"。"东风一号"是苏联过继给中国的儿子。仿制只是一个起步。钱学森要送上蓝天的是我们中国人自己研制的导弹，他要把中国人的勇气、智慧、尊严和自强不息的精神一同送给浩瀚的宇宙。

钱学森已经向中央军委递交了一份重要文件，那就是中国自主研制导弹的计划和步骤。

钱学森向聂荣臻元帅描绘着"东风一号"发射成功后，我国自行研发导弹的步骤。第一步短程地对地导弹，射程400千米；第二步研制中程地对地导弹，射程2000千米；第三步是研制远程地对地导弹，射程4000千米。聂荣臻元帅对钱学森的这个想法做了修改，短程改为700千米，中近程改为1200千米，远程改为2400千米。这样更符合我国当时的战略需要。

在几天以后的北戴河会议上，聂荣臻元帅谈了钱学森的这个想法。毛泽东主席说："我们要下定决心搞尖端技术，赫鲁晓夫不给我们尖端技术，极好。如果给了，这个账是难还的。我看应该给赫鲁晓夫发一吨重的勋章。"

就这样，钱学森带领国防部第五研究院全力以赴研制"东风二号"。任新民是"东风二号"的副总设计师，负责火箭发动机部分。任新民也是从美国回来的，是钱学森"点将"来到国防部第五研究院的。1929 年，他在安徽省宣城第四中学读书的时候，受老师影响就加入了中国共产主义青年团。1945 年赴美国密歇根大学，获机械工程硕士和工程力学博士学位。1948 年 9 月，他站在了美国布法罗大学的讲台上，他是这个学校建校 102 年以来的第一位中国讲师，那一年他 33 岁，前途一片光明。1949 年 8 月，当祖国急需人才的时候，他选择了回国。美国也是重重拦阻，同事婉言相劝，他说："个人前途在祖国面前不值一提，你们永远都不会理解我的追求。"

火箭发动机的材料是关键。那时候，上上下下都已经形成了一个共识，那就是，我们虽然是从仿制导弹起步，但设计、材料都不能依赖进口，要独立自主、自力更生，走我们自己的路。

仿制"1059"地地导弹的时候，任新民他们就联系多家钢厂和有色金属厂试制了 155 种金属材料，又与 20 多个单位试制了 87 种非金属材料。由于当时我们国家的工业基础薄弱，产品质量不稳定，任新民负责设计的"东风二号"火箭发动机多次试车还是经常出现故障。任新民回忆说，在他最沮丧的时候，聂荣臻元帅鼓励他说"最困难的时候就是即将成功的时刻"。

那时，正是三年困难时期，由于缺乏营养，很多一线的科研人员患上了夜盲症，腿脚浮肿。聂荣臻元帅知道此事后，以他自己的名义向几大军区"募捐"，调拨来猪肉、鸡蛋、黄豆给一线科研人员补充营养。许多科研人员含着泪水来领取，因为他们听说，就连毛主席和周总理都吃白菜汤，却给他们肉吃。

1962 年春节过后，"东风二号"装上了列车，从北京出发，奔赴酒泉发射场。1962 年 3 月 21 日，"东风二号"竖立在了酒泉发射场。

钱学森在北京总部坐镇指挥。

点火命令下达后，"东风二号"怒吼着，发出巨大的轰响，腾空跃起，现场的人们脸上露出了笑容。然而，就在这时，"东风二号"开始失稳，八秒钟失去控制，调头向北飞去，随后发动机起火，从高处朝下跌落，坠落在距离发射塔 600 多米的地方，发生了爆炸，地面升腾起满天的烟尘。

现场的人都被眼前的这一幕惊呆了。我们的导弹事业太年轻了，从起步到现在，仅仅经历过仿制"1059"地地导弹的成功，还来不及经历失败。这是技术密集的高风险、高成本的探索，它的复杂性和艰辛程度都超出了他们的想象。十几秒钟，那些全然忘我的努力顷刻间就化为乌有了。有的人眼睛里涌出了泪水。人们的情感正遭受着巨大的冲击。

钱学森第一时间乘专机赶往酒泉基地。一下飞机，基地的一些人已经在等候了。大家的神情凝重。钱学森大步走到任新民面前，握住了任新民的手，他把另一只手也搭在了任新民的手上，四只手紧紧地握在一起。他们没有说什么，此时也不需要说什么。这是两个一同献身科学探索的战友之间的相互理解、相互信任和心照不宣。他们早已在科学精神之下，形成了心灵上的默契。

钱学森内心也承受着巨大压力，他知道，现场的人都在看着他，等着他发话。现在，不是急着找原因的时候，他要做的是，以一个经历过无数次失败的过来人的身份，和大家一起去面对这份艰难。他要把科学精神中的那份不怕困难、不畏艰难险阻的勇敢和那份在失败中总结经验以及吸取教训的科学规律传达给这支年轻的队伍。

钱学森大声说："同志们，不就是掉下来一个'东风二号'吗？今天它掉下来，明天我们将把它射上去，没有什么大不了的。当年，我在美国的时候，写一篇很重要的论文，写成后只有几页，可是我写的底稿，却装满了一个柜子。到底失败了多少次，我自己都数不清了。如果失败了就哭鼻子、闹情绪，恐怕就没有后来的成功了。科学试验嘛，如果每一次都保证成功，又何必试验呢？那就制造出来直接拿去用好了。我说，我们不要怕失败，失败了，总结经验教训，再重来，经过挫折和失败，会使我们长才干，变得更加聪明。取得成功对我们是锻炼；遭受失败，同样可以使我们得到锻炼，而这种锻炼则更为重要，更为宝贵。"

　　钱学森这么一说，大家相互看着，心中渐渐平静下来。

　　第二天一早，太阳刚刚从地平线上升起，西北大漠还在一片灰蒙蒙的混沌之中，钱学森带领一行队伍向"东风二号"的落地点出发了。

　　这里的三月还是天寒地冻，这里的人和一切似乎已经习惯了被春天遗忘。戈壁滩上没有路，脚下是坚硬粗粝的砂砾。当太阳的光芒穿透阴霾的缝隙照亮了大漠的时候，"东风二号"坠落爆炸后的残骸、碎片散落在地上，在呼啸的北风中发出一道道凛冽的寒光。

　　地上砸出了一个20多米深的大坑。"东风二号"是中近程地对地战略导弹，全长20.9米，弹径1.65米，起飞重量29.8吨，就是这样一个庞然大物，现在分崩离析了。现场弥漫着悲壮的气氛，工作人员小心翼翼地把这些残骸、碎片收集起来，这项工作花了三天才得以完成。

　　残骸、碎片被拉回了"东风二号"的总设计部试验车间。余下的就是严肃的失败原因分析。钱学森调度了国防部第五研究院一分院、二分院、三分院和酒泉基地的技术骨干一起分析，15天以后，耿青执笔上交了一份报告。

　　钱学森没有仅仅止于这份技术性的分析报告，他看到的更多。技术层面的问题是可见的，还有一些不可见的因素更不能被忽视，甚至可能说那些不可见的因素更重要。

　　他看到，苏联专家撤走后，大家心里都憋着一股劲儿，希望早一天把我们自己的导弹送上天。对有的技术原理还没有完全吃透，局部改动又缺乏系统性的协同思维，为了赶进度，地面试验没有到位。理性与实证性是科学精神的核心，任何主观的臆想、情绪和侥幸心理都不符合科学规律，成功必须基于可重复、可检验的科学实践规律。就此，钱学森定下了一条原则：把一切问题都消灭在地面上，导弹不能带着任何疑点上天。科学必须实事求是，基于此，必须建设一批导弹地面测试设施。那时候，国家的财力很困难，但这个投资是值得的。

钱学森把他的工作重心放在了改进"东风二号"火箭上。试验失败后，他就没再离开基地，看样子是不把"东风二号"火箭送上天，他连家都不想回了。中国科学院力学研究所的人很久都没见到他了，连蒋英也都着急了，她找到国防部第五研究院的领导打听钱学森的情况，她说，走的时候衣服也没多带，一个多月没回家，也不知道什么情况。据蒋英后来讲："那时候，他什么都不对我讲。我问他在干什么？不说。我问他到哪去？不说，去多久？也不说。"这是当时的保密规定。所有参与保密项目的科研人员都无法与亲人们一起分享自己的成功喜悦，更无法在亲人那里抚平挫败的沮丧。后来任新民回忆说："钱学森一直都在基地工作，只是春节的时候才回去几天。"

国防部第五研究院根据钱学森的意见，决定建造导弹全弹试车台，这样导弹经过地面的测试才能保证发射成功。钱学森亲自主持设计和建造，光图纸就几千张。这是一项庞大、复杂的工作，钱学森将其划分成 22 个系统。1963 年 9 月，导弹全弹试车台完工并通过了测试。

改进后的"东风二号"火箭，通过地面 17 项试验后，1964 年 6 月下旬准备再次进行发射试验。

这时候的戈壁滩，烈日当头，骄阳似火，阳光照在砂砾上，蒸腾起干燥的热浪。钱学森在现场忙碌着，他认真地听着各单元测试的汇报，汗水湿透他的衣服，热浪又吹干了，衣服上留下了白色的汗渍。

突然，"东风二号"的总设计师林津向他报告，酒泉地区气温陡然升高至将近 40 摄氏度。温度升高，火箭推进剂的体积膨胀，气化严重，燃料储箱的体积又是固定的，这就相当于燃料减少了，推力就不够了，也达不到预定目标了。加大推力，就需要更多的火箭推进剂。这时，导弹的落区已经布置好了测量网点，如果达不到原定射程，落区设备就采集不到数据。大家都在思考着解决的办法。

有人主张再增加一些推进剂，让火箭的发动机多工作一段时间。但推进剂的储箱容积是固定的，没有多少空间。这时，一位年轻人提出了一个截然不同的想法，就是泄出一些推进剂，减轻起飞重量。年轻人叫王永志，他迅速进行了计算、核对，证明可以泄掉 600 千克酒精，导弹的起飞重量大大减轻，同样可以使导弹达到原定射程。那一年，王永志才 32 岁，他 1961 年毕业于莫斯科航空学院。刚走出校门才三年，仅仅是个中尉军官。他的想法立即遭到了反对，本来燃料就不够，怎么还能减，在座的专家向他投来诧异的目光。

王永志情急之下想到了在酒泉基地坐镇指挥的钱学森，他鼓起勇气去找钱学森。他敲开了钱学森的房门，钱学森热情地把这个年轻人请进了屋里，王永志一口气说完了自己的想法。钱学森一点没有小看他，而是认真地听他讲完，还询问了他的计算方法。钱学森意识到眼前这个年轻人才智不一般，便果断地说："有道理。"他立刻叫来了总设计师林津，指着王永志说："王永志的意见正确，按他的办法实施。"

1964 年 6 月 29 日，改进型"东风二号"导弹竖立在酒泉发射场的发射架上，钱学森在酒泉发射中心现场亲自指挥发射。上午 7 时 05 分，"东风二号"腾空跃起，直刺蓝天，进入预定轨道，飞向了千里之外的罗布泊。随即，罗布泊传来命中目标的消息。

"东风二号"导弹是第一枚国产中近程地对地导弹，它的发射成功，标志着中国已经基本掌握研制导弹的复杂技术。

钱学森在酒泉基地发表讲话："如果说，两年前我们还是小学生的话，现在至少是中学生了，短短两年，大家努力提高到中学水平，不简单。现在，美苏都欺负我们，但是我们有党中央和毛主席的领导，发扬自力更生精神，战胜了很多困难，终于打破他们对尖端技术的垄断，这是值得庆贺的一件大事情。"

1964 年 7 月 9 日、11 日,酒泉基地又两次发射"东风二号"导弹，都获得了成功。从 1966 年起，"东风二号"导弹开始装备部队，这也是第一种投入实战的导弹。

每一次发射成功，人们都会沉浸在成功的喜悦之中，而每一次发射成功却都是钱学森把精力调整到下一个目标上的时候。

早在 1963 年 4 月到 5 月，钱学森带领国防部第五研究院全力改进"东风二号"火箭的同时，他还做了一件大事，就是主持制定了中国导弹发展的技术路径和发展步骤。这就是《地地导弹发展规划》，也就是著名的"八年四弹"规划。其实，他早就在心里勾画好了一幅中国导弹发展的蓝图。这幅蓝图，不仅基于他在世界范围内广阔的视野，更基于他在导弹领域里所攀登上的那些理论和实践的高度。就导弹的发展而言，他一直关注和思考着方向性的问题。美国采用的是大推力发动机，苏联采用的是捆绑式发动机，钱学森提出：走中国自己的道路。

按照这一规划，中国将在八年的时间里，研制出东风系列中近程导弹、中程导弹、中远程导弹和洲际导弹。这个规划有 3000 多名专家和技术人员以及设计、生产、使用部门人员参与，集中了大家的智慧，也体现了钱学森的远见卓识。而后的中国航天事业正是按照这一规划走过来的。

1966 年 12 月 26 日，"东风三号"竖立在了发射架上。"东风三号"是一枚射程达 2000~2500 千米的中程导弹，完全是我国独立设计和制造的，这也是中国导弹"先仿制，后改进，再自行设计"三步走战略的最后一步。

　　"东风三号"顺利点火升空，不久，落地点传回了报告，弹头偏差较大。此时的中国国防科研人员队伍已经渐渐成熟，他们已经较少陷入不完美的试验带来的情绪的困境了。他们立即查找原因并进行改进。一个月后，再次发射，问题仍然没有解决。再来，再战。

　　严冬过去，西北大漠再次迎来春天。1967 年 5 月，"东风三号"再次进入发射试验程序。

　　这时，前方又传来紧急情况，导弹弹体出现异常。弹体向里瘪进一块。

　　钱学森又立即赶到了现场，他爬上发射架，开始仔细观察。弹体只是变形，还没有造成结构损伤。他在美国做过导弹壳体相关的研究和试验。他判断这是加入推进剂后，泄出时工作人员忘记打开通气阀，造成箱内真空，导致内外压差过大造成变型。在点火之后，弹体内压力升高，弹体就会复原。

　　他认为可以按原计划发射，按照发射规程，发射需要有钱学森、作战试验部部长、基地司令员三个人签字同意。面对这样的场景，作战试验部部长、基地司令员都很谨慎。

　　钱学森说："你们不签，我签！"

　　聂荣臻元帅说："有钱院长的签字，我就同意发射，因为这是技术问题，技术上钱学森说了算。如果只有你们两人签字而没有钱院长的签字，我倒不敢同意发射。"这是将帅之间的默契。

　　1967 年 5 月 26 日，"东风三号"再次升空，并取得了圆满成功。"东风三号"采用了大量新技术、新工艺。至此，中国导弹研发事业走上了一条独立自主、开拓创新的道路。

1969 年 8 月 27 日，第一枚"东风四号"导弹准备进行首次试验。这是一枚远程导弹，射程达到 4000~5000 千米。这枚导弹还将作为"长征一号"运载火箭的第一级和第二级，承担发射"东方红一号"人造卫星的任务。

发射前，导弹出现了故障，出厂前一切正常的陀螺仪突然失灵了。现场人员查了 20 多天也没找到原因。只好向北京报告。

9 月 26 日深夜，钱学森专程赶到基地。一到现场后，钱学森直奔陀螺仪，仔细观察起来，能看出他的注意力高度集中，他的眉头皱在一起，一言不发。周围的人都退到一边，不敢打扰。现场非常安静，时间一分一秒地过去了，钱学森突然笑了，他说："同志们，这是没有憋住气呀！"原来，仪表上的定压活门掉了。导弹运到基地，海拔发生了变化，影响了陀螺仪内的气压，导致失灵。大家紧张多日的心一下子放松了。

11 月 16 日，"东风四号"导弹点火试射，导弹升空后十几秒就从雷达上消失了，发射失败了。考虑到"东风四号"射程远，落点如果落在国外，很可能引发外交争端。钱学森立即同科研人员计算和讨论弹道和落点，作出了不会落在国外的判断。

1970 年 1 月 30 日，"东风四号"再次发射并取得了成功。中国的导弹事业就是这样，在曲折的道路上一步一步地向前发展。

在发展地对地导弹的同时，中国的地对空导弹也取得了突破性进展。

20 世纪五六十年代，中国的天空并不太平，台湾的高空侦察机多次出现在大陆上空。地对地导弹的成果，直接为地对空导弹的研制积累了经验。

为了对付 RB-57D 型高空侦察机，中方向苏联引进了"萨姆 -2"型地对空导弹，并在苏联的帮助下组建了地对空导弹部队。1959 年 10 月 7 日 9 时，一架 RB-57D 型高空侦察机从台湾起飞，毫无顾忌地直扑北京，12 时 4 分这架飞机与台湾失去了联系。大陆的导弹部队用"萨姆 -2"型地对空导弹把它击落了。飞机的残骸散落在北京通州东南 18 公里的田野上，中尉飞行员王英钦毙命。第二天，新华社报道一架 RB-57D 型高空侦察机在华北上空被击落。此后，中国的天空整整清净了两年零三个月。

后来，美国又为台湾新装备了更先进的 U-2 高空侦察机，飞行高度达到 2.2 万米，飞行员要穿航天服才能驾驶飞机。有一次，蒋介石看到 U-2 高空侦察机拍的照片，随口问了一句有没有浙江奉化的，于是，U-2 高空侦察机专门到浙江奉化上空拍照，照片上蒋介石母亲的坟墓都能看得清清楚楚。

1962 年初，U-2 高空侦察机进入我国西北，它的拍摄目标是酒泉基地。大陆地对空导弹部队用"萨姆 -2"击落了它。由于中苏关系破裂，"萨姆 -2"型导弹剩余不多，中国需要在研制地对地导弹的同时，加大力度研究地对空导弹。

国防部第五研究院二分院副院长钱文极被任命为地对空导弹总设计师。第一步就是仿制"萨姆 -2"型导弹，1963 年 6 月进行了模型弹的飞行试验。仿制弹被命名为"红旗一号"。1967 年 6 月，"红旗二号"地对空导弹定型，开始试生产。

1967 年 9 月 8 日，一架 U–2 高空侦察机进入浙江嘉兴地区，被中国人民解放军用国产"红旗二号"地对空导弹击落。从此，U–2 高空侦察机再也不敢飞入大陆上空。

惊世两弹

早在钱学森还没有回国的时候，中国的原子弹就已经开始布局了。

钱三强比钱学森小两岁，是浙江绍兴人，原名叫钱秉穹。三强是同学们给他起的外号，意思是说他身强、手强、力强。父亲听闻后，索性就给他改名叫钱三强，告诉他，人强、民强、国强才有意义。钱三强是 1948 年从法国回来的，回国前，他在居里夫人女儿和女婿的实验室研究原子核。

中苏关系进入"蜜月期"的时候，苏方提供给中国的不仅有导弹技术，还同意向中方提供核技术。1958 年秋天，钱三强找到邓稼先，告诉他，"我们国家打算造一个大炮仗"。邓稼先一听就明白了。邓稼先于1950年获美国普渡大学博士学位后回国。有人问，带了什么回来，他说："带了几双眼下中国还不能生产的尼龙袜子送给父亲，还带了一脑袋关于原子核的知识。"

1959年6月26日，苏方撕毁协议，拒绝提供原子弹资料和教学模型。毛泽东主席指示："自己动手，从头做起，准备用八年时间造出自己的原子弹。"

原子弹是个庞大的系统工程。钱学森他们面临着许多物理学、化学、动力学等理论难题和关键技术需要攻克，还需要许多新型材料和仪器仪表，这些大多需要大量外汇从欧洲秘密买进。报告摆到了毛泽东主席的案头。毛泽东主席没有犹豫，当即动用中央储备黄金300万两，他说："只要国家安全，人民幸福。"

位于青海省海北藏族自治州海晏县的西海镇，在极端保密的情况下，这里悄然建起了科学研究的大楼和特殊的工厂。这就是中国核队伍的大本营，对外的名称是：青海矿区国营221厂。这里有建在地下9米深的地下指挥中心，全部由钢筋水泥建成，光是铁门就有三吨半重。邓稼先告别了爱他的人和他所爱的人，在青海一干就是八年。他夫人都毫不知情，他没有发表过一篇论文，没有参加过一次学术会议。他的手下只有28名大学毕业生，平均年龄还不到23岁。美国搞原子弹，科学家上百人参与，诺贝尔奖得主就有14位。

新疆罗布泊一个叫黄羊沟的地方，打上了原子弹爆炸点的标桩。

荒凉的罗布泊寸草不生，只有稀疏的马兰花迎风绽放，它紫色的花朵像天上滴下的玉露琼浆，人们把这个基地命名为马兰基地。

那时候，核的研究是绝密进行的，参与人员都是"上瞒父母，下瞒妻儿"。有一位女科研人员，奉命前往罗布泊，她告诉丈夫，自己要离开一段时间，不要问，也不能说。一个多月后的一天，她在罗布泊的一棵大榆树下等车，远远地看到一个熟悉的身影走过来，她惊呆了，原来是自己的丈夫，他也被派来了罗布泊，只是比她晚到了一个月，他们都是为一个任务而来的，又将向共同的目的地跋涉。有人把这件事讲给了张爱萍将军，他说，"那棵老榆树就叫夫妻树吧"。故事的主人公没有留下他们的名字。他们只是参加中国原子弹研制工作中的普通一员。他们把一生中最美好的年华都奉献给了荒凉的罗布泊，留给自己的是那些漫漫的长夜，艰难的科研攻关，流汗又流血的鏖战，还有无穷无尽的对亲人的思念和愧疚。

"饥餐砂砾饭，渴饮苦水浆"，这是张爱萍的诗句，是对基地生活的真实写照。正是由于三年困难时期，再加上运输不便，很多人因为营养不良患上了夜盲症和浮肿病，每完成一项工作都极其艰辛。

1964 年 5 月，黄羊沟试验场 120 米的铁塔拔地而起。

1964 年 10 月 16 日，中国第一颗原子弹爆炸成功。这颗原子弹是在 102 米铁塔顶部被引爆的。

新疆马兰基地这朵蘑菇云还是引起了外媒的关注，他们说中国的原子弹是"无枪的子弹"。意思是即便研制成功也没有用处。

然而，中国有自己的步态和节奏。原子弹的研制和导弹的升级改进像两条平行线同步向前推进着，原子弹的研制由第二机械工业部负责，导弹的升级改进由国防部第五研究院负责。这两条平行线将在一个恰当的节点汇合，这就是钱学森"两弹合一"的构想。

1965 年 5 月 14 日，一架图 -16 轰炸机划过宁静的罗布泊上空。9 时 59 分 10 秒，飞机弹舱开启，一枚原子弹向地面靶标飞去，50 秒后，中国西北又腾空升起一团巨大的蘑菇云。中国再次试爆了一枚原子弹。

就在中国和世界都在为中国的原子弹一片哗然的时候，钱学森正在为原子弹"配"上导弹的枪。

早在中国第一枚原子弹爆炸成功的前一年，也就是 1963 年 9 月 1 日的中央专委会议上，钱学森就被任命为"两弹合一"核导弹研究设计的总负责人了。他的老上级聂荣臻元帅握着他的手说："看来，你又得忙一阵子了。"

使命在身，钱学森又责无旁贷地投入工作了。两弹合一，原子弹和导弹在设计上要互相适应。原子弹要小型化，火箭要加大推力。首先，要搞高能燃料，加大导弹的推力和速度，高能燃料还要有耐高温材料，远程导弹需要分级，自动控制问题必须万无一失，导弹上还要装有一个微型计算机。千头万绪，都在他的掌控中向前推进着。

导弹这一块，钱学森盯得紧紧的。他多次飞到酒泉基地，仔细检查各个环节。在他的影响下，身边的科技人员都养成了一细再细、一严再严的工作作风。

酒泉基地一个新战士牢牢地记着钱学森对研究人员的叮嘱："认真，再认真。"他偶然发现弹体内有一根5毫米左右的小白毛，他怕这个小白毛造成通电接触不良，就找来镊子、细铁丝想把小白毛弄出来，可是，费了半天工夫怎么也弄不出来，情急之下，找到一根猪鬃把小白毛挑了出来。钱学森知道了，走过去，把这根小白毛小心翼翼地包了起来，他要带回北京，要和北京的同事们讲讲这根小白毛的事情，让科研人员都要有这种严谨的科学精神。

聂荣臻元帅的秘书范济生回忆了一件事。导弹总装的时候，聂荣臻元帅正在病中，他听说，导弹组装好了，发现少了一颗螺丝钉。螺丝钉都是有数量登记的。有人主张全拆了，找到那个螺丝钉，有人说没必要折腾。聂荣臻元帅说，一定要找到，让秘书陪着张爱萍，就一直坐在总装车间，看着现场，直到把那颗螺丝钉找到。

改进后的"东风二号"经过两次没加核弹头的"冷试验"都成功了。加载核弹的"热试验"进入了倒计时。美国和苏联都是从本土射向大洋，但是，当时的中国海军还不够强大，跟踪监测能力有限，靶点还是定在了894千米之外的罗布泊。

在自己的国土上试射核导弹也是世界上绝无仅有的。

6 月 30 日，周恩来总理出访回国途中，专机降落在酒泉基地。他要亲自看一看才放心，他巡视现场，叮嘱核导弹上要有自毁装置，一旦偏离预定轨道，要在空中把核弹头炸掉。核导弹预定轨迹要穿越兰新铁路，附近有五万居民。周恩来总理问："核导弹落在那里的可能性有多大？"现场科技人员马上计算，给出的可能性是十万分之六。

周恩来总理指示：安排五万人全部撤离。他是大国的总理，他有责任不让他的人民承受这十万分之六的风险。

10 月 24 日，钱学森跟随周恩来、叶剑英和聂荣臻向毛泽东主席汇报核导弹的试验准备情况。毛泽东主席说："这次试验可能打胜仗，也可能打败仗，失败了也不要紧。"这句话钱学森记得很清晰。作为一个科学家，他领略了一个革命家宽广的胸怀。

10 月底，酒泉基地气温已经很低了，风沙也很大。现场的人们穿着厚厚的大衣，戴着棉帽子。

"两弹结合"，在导弹前端安装上核弹头是危险的现场操作，对接的年轻技师叫田现坤，他一直在练习这个操作。平时需要 40 分钟，那天的实际操作，他整整用了比平时多出一倍的时间。聂荣臻和钱学森一直站在不远处，没有离开一分钟。工作人员多次劝说他们回到安全地带休息，他们执意不肯，现场人员深受感动。主操作手田现坤完成所有操作，走下塔架，聂荣臻和钱学森迎上前握住了他冻僵的手。

1966 年 10 月 27 日 9 时，"东风二号"的改进型"东风二号甲"型导弹带着巨大的轰鸣排山倒海一般腾空而起，9 分 14 秒后，核弹在罗布泊弹着区靶心上空 569 米高度爆炸。这意味着中国的核导弹已经有了射向地球的多处角落的能力。

对中国来说，军事威慑力量的强大，为中国赢得了和平发展的国际环境，奠定了中国的大国地位。1945 年，曾经把原子弹带到这个世界的冯·布劳恩对冯·卡门和钱学森说过："我希望地球能避免再进行一场世界大战，我认为只有在各大国导弹技术均衡的条件下，才能维持未来的和平。"看来，大国的均衡发展和崛起，才是制约霸权、维持和平的关键所在。

独领风骚的氢弹

于敏是清华大学神一样的存在。在数学考试平均分是 20 分的时候，他能得 100 分。

1960 年的一个冬天，钱三强对于敏说："经过组织研究决定，让你去参加氢弹的预先研究，你看怎么样？"从那一刻起，于敏的名字和他的事业就成了最高的机密。

那时，中国只有一台每秒万次的电子计算机，而且那时原子弹的研究先于氢弹，所以只有 5% 的时间是留给氢弹设计用的。于敏和他的小组每人一把计算尺、一个算盘，他们常常不分昼夜地进行着大量数据计算。他们仅用三年时间就解决了全部理论问题。

1967 年 6 月 17 日，在新疆罗布泊上空，中国第一颗氢弹爆炸成功。

钱学森又一次承担重任，他要做的是给氢弹配上发射枪，让氢弹和导弹结合，试制中国的热核导弹，可能攻击更远的目标。这一次，钱学森决定启用中程地对地导弹"东风三号"，用"东风三号"装载氢弹，把氢弹送到更远的地方。

就在钱学森和他的战友们踌躇满志，想再次刷新中国历史的时候，一件不幸的事情发生了。

1968 年 12 月 4 日，正在青海 221 厂的郭永怀在试验中得到一组重要的热核实验数据，他要把这组数据带回北京分析和汇报，他们连夜乘坐飞机从兰州飞往北京，就在凌晨，飞机快要到达北京的时候，失事坠毁，机上 13 人全部遇难。

人们在一片焦土中清理现场，有两具尸体紧抱在一起，面目全非，人们费力地把他们分开，这才认出，这是郭永怀和他的警卫秘书，夹在他们胸口之间的是郭永怀的文件包。文件包保存完好，那些珍贵的资料一点儿也没有损失。

这个消息很快就传到了国务院。周恩来刚接待完外宾，秘书就急急忙忙递过来一份文件，周恩来看过后，失声痛哭。周恩来总理作了两点指示：一是彻查飞机失事原因，二是在《人民日报》上发布这一消息。

得知这一消息，钱学森怔住了。半天说不出话来，他感到心头猛然一紧，一种尖锐的疼痛散向全身。他下意识地扶住一把椅子，过了好久，他才缓缓地说道："人人都知道我钱学森抵得上五个师，他们不知道郭永怀抵得上两个我啊！"

郭永怀是一个说话算数的人。

钱学森回国前给他的这位老朋友写信，希望能一起回国，郭永怀说已经答应威廉姆·西尔斯要做一个项目，大致要一年，明年一定回去。

1956年9月，郭永怀辞去了美国康奈尔大学航空研究院教授职务，与妻子、女儿一起回国。钱学森本想去罗湖桥头迎接他们一家，但要事在身无法前往，便委托广州的中国科学院带去了一封信。

他说，我们一年来是在最愉快的生活中度过的，每一天都被美好的前景所鼓舞。他告诉郭永怀，已经在力学研究所给他准备了一间办公室，是二楼朝南的一间，浅绿色的窗帘，望出去是一排松树。住的地方也准备好了，离办公室步行只要五分钟，他也住在附近，是近邻。

这位年长他两岁的兄长是山东农家子弟，刻苦用功，在29岁那年从3000多名考生中脱颖而出，考取了公费留学名额。他和钱学森在加州理工学院共同度过了一段美好的时光。钱学森说："和我最相知的只有永怀一人。"

那时候，美国对中国留学生已经开始有了戒心，他们让郭永怀填过一张问卷调查表，上面有一个问题是"如果发生战争，你是否愿为美国服兵役"，郭永怀回答："不。"于是，他也上了美方黑名单。

那时候，中国有留学生时不时地要在一起聚一聚，聊聊只有中国人在一起才能聊的话题。在一次野餐的时候，郭永怀在一边点燃了一堆篝火，拿出一个大背包，里面是他这么多年积累的研究手稿和讲义，他一叠一叠地抽出来，投到了篝火里，火焰升腾，妻子李佩跑过来，想拦住他，说："这是干什么呀，我们这些年不就是为了这些吗？"郭永怀苦笑一下，说："这些东西他们不让带走，我已经把它们都装在我的脑子里了，他们也留不下。"

回国后，郭永怀成了钱学森的左膀右臂。

郭永怀沉稳、细腻、周密，又能吃苦。在这位兄长面前，钱学森可以不用顾虑那么多，可以让自己的思路完全打开，许多宏观的、未来的谋划就是在与郭永怀畅快淋漓的交谈中渐渐清晰起来的。

后来，在搞原子弹、氢弹的时候，需要一位力学专家，钱学森推荐了郭永怀。郭永怀受命秘密研究原子弹。根据保密规定，他们是不能交流彼此的研究课题的。他们只能用目光交流彼此的信任、彼此的欣赏。

那时，郭永怀他们的试验基地在长城脚下，夏天酷热，蚊咬虫叮，冬天像冰窖，就是这样，三年的时间里，郭永怀和他的团队完成了1000多次试验。

美国一直盯着中国的国防事业，他们扬言，一旦获悉中国搞核武器，将不惜一切手段打击，原子弹研究的保密级别不断提升。研究所的总部也搬到了青海221基地。221基地地处高原断氧层，空气稀薄，大气压低，水烧不开，饭也煮不熟，冬天，最低气温零下40摄氏度。郭永怀和大家一起喝碱水，住帐篷。他已经年过半百了，却故意不在自己的床上铺褥子，为的就是少睡觉，睡在铁床上是很不舒服，可是硌得疼醒了就可以起来继续工作。

原子弹研制成功后，郭永怀又投入到了氢弹、导弹的研制中。他领导和组织爆轰力学、高压物态方程、空气动力学、飞行力学、结构力学和武器环境试验科学等研究工作，解决了一系列重大问题，已经成为当时中国核武器的掌舵人。他发现了上临界马赫数，发展了奇异摄动理论中的变形坐标法，即国际上公认的PLK方法。

钱学森难以抑制内心的痛楚。他们回国一起工作12年，时不时两家就聚一聚，孩子们在一起玩，大人们叙谈着家常，那样温馨的时候从此不再有了。那一年郭永怀才59岁，那是一个科学家最好的年华。钱学森在后来《郭永怀文集》出版的时候，写了一段话，表达了他当时的感慨和痛惜。"就那么10秒钟吧，一个有生命、有智慧的人，一位全世界知名的优秀应用力学家就离开了人世。生和死，就那么10秒钟。"

钱学森带着对战友的怀念又投入到了紧张的热核导弹的试验中。

在热核导弹试验中，最关键的一步是核弹头吊装对接，这也是最危险的环节。这些操作人员曾经成千上万次地练习，他们操控笨重的机械臂去开启瓶盖子练习精准度。但是，毕竟核弹头是一件危险品。吊装工作持续了 100 分钟，钱学森一直站在导弹旁边。操作人员看着钱学森站在那里，心里安稳多了。钱学森说："危险面前如果我躲得远远的，人家战士心里怎么想？"战士们说："有钱老在跟前，我们心里就踏实，身上就有劲儿。"

1968 年 12 月 27 日，郭永怀牺牲 22 天后，我国第一枚热核导弹试验成功。

至此，中国已成为世界公认的核大国。

美国是世界上第一个研制氢弹的国家，但是，由于氢弹的维护保存成本很高，2012 年，俄罗斯销毁了所有的氢弹，2013 年美国也销毁所有氢弹，英国和法国上个世纪已经不再生产氢弹了。目前，中国是全球唯一拥有氢弹的国家，这是因为于敏。他设计的于敏构型完全克服了维护成本非常高的问题。全球的氢弹构型只有两种，一种是美国的 U–T 构型，另一种就是中国的于敏构型。

原子弹、氢弹是那些敌意国家的噩梦，是我们国家安全的压舱石，是我们的和平盾牌，手上没有剑和手上有剑不用不是一回事。中国核导弹部队被誉为"中国实施战略威慑的核心力量"，这支中国国防的至关重要的核导弹部队，凝结着钱学森的智慧和贡献。手握重器，才有可能让霸凌者望而却步，国家才有尊严，人民才有和平。

凌霄一星

星河浩瀚，星光灿烂。

人类虽然渺小而脆弱，但人类的梦想却是旷远而宏大的。古代帝王常常要登上高高的观象台，接受上天的神谕。不知有多少人在仰望星空中重新获得了启示与创造的力量。

对人类来说，宇宙边缘，人类的想象力至今依然无法抵达。宇宙里到底有什么？仍是未知之谜。然而，人类正用科学这把金色钥匙一次次叩开了太空的大门。

航空航天事业一直走在世界前沿的苏联，在 1957 年 10 月 4 日成功地用运载火箭将第一颗人造卫星送入预定轨道。这是人类第一次冲破地球引力的束缚，进入太空，从此，人类有了一个全新的视角去面对太阳系中这颗蓝色的星球，也有了一个全新的视野去看待这颗星球上的我们自己和与我们共生共存的一切。

钱学森已经感受到了，人类探索太空的时代已经到来。

苏联的第一颗人造卫星发射成功不久，毛泽东主席正去莫斯科参加世界共产党高级首脑会议。一下飞机，就在莫斯科机场发表了讲话，对苏联在太空的探索表示了祝贺，就在他还没有离开苏联的时候，1957 年 11 月 3 日，苏联又把第二颗人造卫星送入了轨道。毛泽东被震撼了。太空对人类来说是一个陌生的领域，对太空的探索不仅仅是一个国家科技实力的象征，更是一个国家综合实力和国际地位的无言的名片。

苏联人造卫星发射成功也使美国大为震惊，他们真切地感受到了来自苏联的巨大压力。一向在科学技术方面自信而骄傲的美国总统艾森豪威尔竟然因此质疑起了美国的中小学教育。重压之下，奋起直追。1958年1月，美国继苏联之后，也成功发射了第一颗人造卫星。法国、日本紧随其后。

这里有一个小插曲。1958年1月5日，钱学森接到一项紧急任务，解放军总参谋部通知他，请他协助苏联寻找第一颗人造地球卫星"斯普特尼克1号"的残骸。

1957年10月4日"斯普特尼克1号"发射成功，在太空运行了22天后，能源耗尽，1958年1月4日向地球坠落。苏联方面预估可能落在东亚地区，请中国协助寻找。几天后，沈阳军区旅大警备区报告，一位战士值岗时曾看到天边有一团火光从天而降。总参谋部派出专机请钱学森去调查。下了飞机，是9点多，旅大警备区的司令员曾绍山说已经派人去现场找那个卫星了，不过还没有消息，一个小时过去了，钱学森坐不住了，于是和曾绍山商量要一起去现场。已经是午饭的时间了，曾绍山挽留大家吃过午饭再去，钱学森坚持先去现场。

在现场，钱学森一边让小战士还原当时的情景，一边在手上写写画画。走得匆忙，谁也没想到带上纸笔。边上的林有声看到钱学森在手心画了一条抛物线，下边写了一堆阿拉伯数字。一会儿工夫，钱学森抬起头，果断地说："从士兵所描述的轨迹来看，不像是苏联卫星的轨迹，就算是那颗卫星的轨迹，按照这个火光飞行的角度，落在这里的可能性也不大，起码落在 2000 千米以外的地方，很有可能不在中国。"

一行人当天赶回北京的时候已经是晚上了，苏联大使馆发来最新消息，卫星确实没有落地中国。这次特殊任务后，苏联航空航天领域的大事都会邀请钱学森公开发表意见。

钱学森照例把这些报纸上关于卫星的消息一一剪下来，贴在他的剪报本上。他在很多场合，很多次讲话中提到太空时代已经到来。他也曾在文章中写道："同志们，无可怀疑，我们正在从航空器的航空时代转入航空间的真正航空时代，我们正处在人类文化的一个新纪元的前夜。"

钱学森找到了赵九章。

1935 年，钱学森赴美求学，赵九章去的是德国，他的研究方向是气象学。空间科学离不开气象学、地球物理和空间物理学等这些专业。

1958 年 5 月 17 日，在中国共产党第八届代表大会第二次会议期间，毛泽东主席在会上表示："我们也要搞人造卫星。"这是一个高瞻远瞩的决定，也是向全世界的宣告。

聂荣臻副总理把这个任务落实到了国防部第五研究院。这个任务被列为 1958 年的第一重要的科研任务，代号"581"，钱学森担任"581"小组的组长。

1958 年 7 月至 9 月，"581"小组每周都要开两三次碰头会。

具体的时间表很快就拿出来了，时间就定在了 1960 年。为落实"581"工程，中国科学院又成立了三个设计院。就在"581"工程紧锣密鼓进行的时候，1959 年 1 月 21 日，中国科学院收到了中央书记处"卫星明年不放，与国力不相称"的指示。

钱学森不得不把"581"工程停下来。他知道，中国人向太空进军的脚步不能停止。他仔细研究着苏联的这颗人造卫星。人们关注的是天上飞旋的 83.6 千克的卫星，他关注的是把卫星送上天的火箭和对卫星的控制系统。他说："用三级火箭连续将卫星送入近于圆形的轨道，可以看得出来，这一工作要求非常精确的控制和遥测系统。所以苏联发射人造卫星的成功，标志着苏联的科学技术工作者在自动控制和计算机技术方面的高度成就。"

钱学森决定继续攻克人造卫星的周边技术难题，决定先试制探空火箭和气象火箭。

1960 年 2 月 19 日，一枚中国人自己设计制造的液体火箭竖立在上海南汇县老港镇高 20 米的发射架上。那时候，国家很困难，科技人员就因陋就简，土法上马。给火箭加注推进剂用的是一位工人自己用自行车打气筒做的压力源。没有自动的遥测定向天线，就人工转动天线去跟踪火箭。发射口令也是总指挥靠扯着嗓门喊叫和舞动旗子。这枚编号为 T-7M 的火箭一举成功了。半年后，T-7M 型火箭高度从最初的 8 千米，达到了 60~80 千米，到达了大气层的边缘。

1964 年，"东风二号"导弹试验成功以后，一些科学家认为，发展人造卫星事业的时机已经到来。12月，赵九章向中央建议，争取在新中国成立20周年前发射第一颗人造卫星。10天后，也就是1965年1月8日，钱学森也提交了报告，向中央建议早日制定我国人造卫星研究计划并将其列入国家计划。

聂荣臻批示："只要力量有可能，应积极去搞。"1965年1月，周恩来批示："让中国科学院拿出具体方案。"此时，曾被按下暂停键的研制人造卫星的"581"工程更名为"651"工程。

1965年8月，周恩来总理主持中央专委会议，决定将"东方红一号"卫星研制工作列入国家计划。11月底，中国第一颗人造地球卫星的总体方案初步确定，各分系统开始了技术设计、试制和试验工作。1966年1月，中国科学院设立卫星设计院，赵九章被任命为院长。

为了有序推进人造卫星的发射工作，钱学森还大胆起用了当时只有38岁的孙家栋。

孙家栋1948年考入哈尔滨工业大学预科，后来参加空军，1951年被送到苏联学飞机设计，曾经因为学习成绩优异，获得过斯大林金质奖章。回国后就在国防部第五研究院一分院从事导弹研究。很快孙家栋就被调到空间技术研究院承担人造地球卫星的总体设计工作。

孙家栋上任的第一件事就是按照钱学森的指示，挑选一批精兵强将。孙家栋用了两个月的时间，集结了18位业务骨干，人称"十八勇士"。人造地球卫星的研制工作就这样开展起来了。孙家栋回忆说："当时的计算器是手摇的，计算机室里年轻的女孩子连续几个月用手摇计算器计算，手臂都摇肿了。"
原第七机械工业部的李颐黎回忆说："为了保证质量，一条轨
道算了整整一年。"

孙家栋果然不负所望。他准确地把握了我国第一颗人造
地球卫星的定位，中国首先需要的是零的突破。所以，不必
负载更多的探测设备。这颗卫星要"上得去、跟得上、看得见、
听得到"。

"上得去"是对运载火箭的要求。钱学森统揽全局，建议
在"东风四号"导弹的基础上，加上探空火箭的经验，设计
制造了发射卫星用的"长征一号"运载火箭。"跟得上"也能
做到。1967 年 6 月，中国卫星测控部队正式成立，航天测控
网初具规模。"看得见"是一个难题。卫星的体积小，亮度低，
理论上在地球上用肉眼是看不见的。孙家栋和大家一起研制
出了一个反射装置，可以大面积反射太阳光，为了"听得到"
太空播放的《东方红》乐曲，卫星必须经受住太空极端温度
变化的考验，当时，没有低温实验室，科研人员就跑到海军
存放食物的冷库去做实验。

1970 年 4 月 17 日，"长征一号"火箭和"东方红一号"
都运到了发射基地。钱学森坐镇指挥。他一面向周恩来总理
随时汇报进展情况，一面应对各种情况。

1970 年 4 月 24 日 21 时 35 分，"长征一号"火箭点火成
功，一飞冲天。21 时 48 分，星箭分离、卫星入轨，21 时 50
分，国家广播事业局报告，收到了中国第一颗卫星上播放的《东

方红》乐曲，声音清晰洪亮。

1970 年 4 月 25 日，新华社授权向全世界宣布：1970 年 4 月 24 日，我国成功地发射了第一颗人造卫星。卫星运行轨道的近地点高度 439 公里，远地点高度 2384 公里，轨道平面与地球赤道平面夹角 68.5 度，绕地球一圈 114 分钟，卫星重 173 公斤，用 20.009 兆赫的频率，播送《东方红》乐曲。

1970 年 5 月 1 日，钱学森、任新民、戚发轫三位科学家作为所有参与第一颗人造卫星研制工作的代表受到了毛泽东主席、周恩来总理在北京天安门城楼上的接见。

1970 年 7 月，钱学森调到了中国人民解放军国防科学技术委员会担任副主任。

1971 年 3 月 3 日，"长征一号"火箭把"实践一号"科学探测试验卫星成功送入太空，这颗卫星是一颗真正意义上的科学卫星，它负载着试验太阳能电源系统、遥测设备、温度控制系统及无线电在空间环境下的长期工作性能等功能。它在太空运行 8 年，大大超出了它的设计寿命。此后，中国不同功能的人造卫星一颗颗被送上太空，在中国崛起的进程中发挥着重要作用。

就全人类而言，卫星给人类提供了一个全新的视角看待地球和我们自己。就中国而言，它不仅彰显了中华民族的自豪感和自信心，也让国际社会重新审视崛起的新中国，重新定位中国在国际舞台和国际战略格局中的地位。

海中蛟龙

这些天，钱学森的思绪常常会回到"克利夫兰总统号"邮轮上。

那段在海上的日子，他常常一个人站在甲板上，凭栏眺望着烟波浩渺的大海。蒋英和她新结识的伙伴们聚在一起，时不时传来一阵阵笑声。孩子们追逐着、嬉戏着。这是和平之光照耀之下的一片祥和安宁。

海面平展如镜，倒映着蓝天和白云。近处能看见阳光在碧绿的波浪上欢快地跳动着。波浪之下有什么？海底可能有什么？人们可能不会去想这些，但是，他是钱学森，他会想。

1954 年 9 月 30 日，美国第一艘核动力潜艇，也是世界上第一艘核动力潜艇"鹦鹉螺"号开始在美国海军服役了。

儒勒·凡尔纳在他那部科幻小说《海底两万里》里为他的核潜艇，一个庞然大物起了一个娇小而诗意的名字"鹦鹉螺"号，美国把它变成了现实。海底是它的天堂，它可以骄傲地从人们的视野中消失，可以去任何它想去和能去的地方。它可以轻易地践踏掉人们心中"公海"界线，它是一匹猛兽，长着无坚不摧的獠牙。

美国"鹦鹉螺"号核潜艇前两年，就消耗了几公斤重的浓缩铀。第一次燃料装填耗资 400 万美元。若用柴油推进方式换算，两年将消耗825万升柴油，需要217节油罐车，运输油罐车的列车将排出3.2千米。这就是核潜艇，常规动力无法做到。

钱学森从报纸上剪下这条消息，收在他的剪报册子里。但是，这条消息也从此就驻足在了他的心里，去不掉了。

那还是国防部第五研究院刚成立不久，中国第一个原子反应炉刚建成，聂荣臻元帅就主持召开了第一次关于核动力潜艇的会议。会上，钱学森再一次对聂荣臻元帅充满敬意。这位从战火纷飞的年代走过来的元帅，在国防科技上有着非同一般的远见卓识。那次参加会议的还有海军政委苏振华上将、海军副司令员罗舜初中将、中国科学院副院长张劲夫、第二机械工业部副部长刘杰召，核动力潜艇的事就这样启动了。

1958年6月27日，聂荣臻元帅向中共中央和毛泽东主席呈上了《关于开展研制导弹原子潜艇的报告》。这个报告很快就批复了，随即就成立了核潜艇研制领导小组，组长是海军副司令员罗舜初。

当时中国的海军只有几艘苏联制造的常规动力潜艇，又小又旧。1958年7月31日，赫鲁晓夫访华，中方向苏联寻求支持。赫鲁晓夫说："苏联有核潜艇，等于你们有了，我们可以搞联合舰队。"联合舰队必然受制于人，这不符合毛泽东这位伟大的革命家的一贯作风。他要带领中国人民走上一条独立自主的发展道路。毛泽东说："核潜艇，一万年也要搞出来！"

中国的核潜艇就是在一无图纸、二无技术的情况下艰难起步的。

三年困难时期，为了能够集中全国的财力、物力，确保"两弹"的研制，核潜艇的工作暂时搁置了。直到1965年3月，这项工作才重新启动，担纲的是彭士禄。他是七院十五所，也就是核动力研究所的副总工程师。

彭士禄是中国共产党早期领导人，农民运动领袖彭湃的儿子，他三岁时母亲牺牲，四岁时父亲就义。一直由地下党组织和乡亲们掩护着、抚养着。1931年，他六岁时被转移到潮安，先后被20多户人家收养过。后来由于叛徒出卖被抓进监狱，释放后，流落街头，当过乞丐。1940年，周恩来派人把彭士禄和一些烈士子女接离广东，送到了延安。1951年，彭士禄被派到苏联留学。1956年5月的一天，彭士禄和几位留学生在中国驻苏联大使馆见到了时任国防部副部长的陈赓，陈赓问彭士禄："周恩来总理决定选一批留学生改行学核动力专业，你愿意吗？""当然愿意，只要祖国需要。"彭士禄二话没说改了专业。1958年，彭士禄学成回国。

"一声令下，扛起背包就走"。彭士禄告别北京的妻儿，只身入川，筹建中国第一座核潜艇动力装置陆上模式堆试验基地。

对核动力潜艇研制的推进，钱学森甚感欣慰。他要做的就是为核潜艇配上"枪"。中国要研制"潜地导弹"，从核潜艇上向陆地发射导弹。

钱学森推荐了黄纬禄，让黄纬禄出任潜地导弹总设计师。

黄纬禄比钱学森小五岁。二战期间，他正在英国留学，德国 V–2 导弹对伦敦展开大规模轰炸的时候，黄纬禄险些丧命。1956 年，他听过钱学森讲解导弹的报告。也许是因为他真的遭遇过导弹，他听起来格外认真。他印象最深的还是钱学森说的"我们中国人不笨，外国人能搞的，中国人也能搞出来"这句话。黄纬禄说，当时会场上的人都为钱学森的这段话鼓掌，自己的手都拍疼了。

后来，黄纬禄所在的研究所整体划入了国防部第五研究院的二分院，他担任液体战略导弹控制系统总设计师，在钱学森的领导下工作。

潜地导弹有许多陆地导弹没有的技术问题，例如，水下弹道怎么克服水下阻力、弹体封闭问题怎么解决、潜艇的晃动和行进中怎么确定发射点、怎么找到平台调平的基准，等等，所涉问题都需要一个一个地突破。

1969 年 10 月，国务院、中央军委成立了核潜艇工程领导小组。1971 年，钱学森担任这个小组的副组长。"潜地导弹"也很快进入了水下发射试验阶段。钱学森主持协调会议，确定了水下发射试验直接去大海上进行的方案。

与此同时，核潜艇的研制也取得了成功。1971 年 8 月 23 日至 1972 年 4 月，中国第一艘鱼雷攻击型核潜艇共出海试验 20 余航次。1974 年 8 月 1 日，中央军委发布命令，命名中国第一艘鱼雷攻击型核潜艇为"长征一号"，正式编入海军序列，并举行了庄严的军旗授予仪式。钱学森当时是国防科委副主任，参加了这个交接命名大会。

"潜地导弹"被命名为"巨浪"。1981年6月17日，"巨浪"在第二次陆地上试射终于获得成功。1982年10月7日至12日，"巨浪"的水下发射试验在公海进行。辽阔的大洋上，中国海军近百艘舰船，上万人配合试验发射。1982年10月7日15时14分，"巨浪"从核潜艇上跃出水面，但很快失控，发生了翻转，指挥部迅速引爆了自毁装置，"巨浪"在空中爆炸，试验宣告失败。

黄纬禄承受着巨大的精神压力，在连续多日失眠后，终于找出了失败的原因，排除了故障。他建议利用剩余的两颗"巨浪"再次进行发射试验。黄纬禄向海上试验总指挥部负责人张爱萍报告，钱学森支持了黄纬禄的意见，张爱萍决定再次试射。

10月12日15时01秒，"巨浪"再次从水下发射，前方传来消息，"在预定落点的海区发现目标"。这意味着中国已成为世界上能从潜艇上发射战略导弹的国家。

此时，钱学森的心里闪过24年前的一个情景。

在北京的万寿山，他和杨刚毅、郭永怀畅谈力学研究所的未来。那时正值春天，玉兰花飘着沁人心脾的芳香，他们一起确定了"上天、下海、入地，为工农业生产服务"的研究方向。

如今，又一个目标实现了，钱学森想，是该端起庆功酒，告慰永怀了。

神舟飞天

黄河以西，祁连山脉和巴丹吉林沙漠中间是绵延千里的河西走廊，河西走廊的尽头是敦煌，敦煌的故事在莫高窟。

莫高窟有中国人"飞天"的梦想。公元 366 年的那个傍晚，一位名叫乐尊的云游僧人看见山崖上光芒万丈，如有万千神明君临人间，他便在岩壁上凿出第一个洞窟。从那以后的一千多年的时间里，人们带着朝圣的心情来到这里，在这里表达他们对极乐世界的向往和飞天梦想。那里碧空万里，彩云缭绕，衣冠飘逸，裙带飞扬，天花飞落，琴瑟相和，自由祥和，这是人们灵魂的去向。岩壁上留下的 735 个洞窟，4.5万平方米壁画，2400 尊彩塑，是理想之国的人间读本，它们一同讲述着天上的故事。

人类冲破地球引力的束缚，进入太空，这一页历史最先由苏联人翻开。1961 年 4 月 12 日，尤里·加加林被送上太空，他的飞船进入近地轨道，绕地球飞行了 108 分钟后重返地面，这是人类第一次进入太空。加加林这位英俊的小伙子脸上总是洋溢着开朗的笑容，他赢得了苏联人民的喜爱。之于浩瀚的宇宙，他代表着人类，之于人类，他游弋过宇宙，他是人类的英雄。

美国当然不会坐视。

年轻的肯尼迪在竞选总统中承诺，要使美国在太空探索和导弹防御上全面超越苏联。他赢得了大选，成为美国第 35 届总统。从 1961 年 5 月开始，美国启动了"阿波罗"登月计划。1967 年 7 月 16 日，美国发射"阿波罗 11 号"飞船，三名宇航员经历了 38 万公里的征程，到达月球。阿姆斯特朗走出飞船舱门，在寂静的月球表面留下了人类的脚印。也在人类历史上留下了那一句名言："这是我的一小步，却是人类的一大步。"

让我们再回到 1970 年 4 月 25 日的那个晚上，人们守在收音机旁边，当收音机里传来模拟铝板琴演奏的《东方红》乐曲的时候，所有人的心都沸腾了，这是来自中国的第一颗人造卫星的声音，此刻，它正遨游在太空，"巡天遥看一千河"。人们冲出家门，走上大街，敲锣打鼓，欢呼雀跃。

钱学森仰望星空，过往的一切都历历在目。

15 年前，他脱口而出的那句："有什么不能的？外国人能造出来的，我们中国人同样能造出来，难道中国人比外国人矮一截不成？"那时候，他想过，凭借中国当时的工业基础，搞火箭、搞导弹肯定是艰难的，但是，他远没有想到会这么难，更让他感到佩服的是共和国领袖和领导集体的坚强决心；是中国人自力更生，艰苦奋斗的民族气节；是中国科学工作者的聪明智慧和坚韧不拔的意志；是无数人不计个人名利，不惜一切代价，甚至是献出自己的生命也在所不惜的奉献精神。

此时，钱学森的内心被一种自豪和骄傲的幸福感充满着。

他想：又一个目标实现了，下一个目标更近了。苏联是在发射第一颗人造地球卫星后，不到 4 年就把加加林送上太空。美国也是在发射第一颗人造地球卫星后的 4 年把宇航员送上太空的，这样算来，中国应该在 1974 年把航天员送上太空。

钱学森此时也在暗下决心：中国人应该也把载人航天的锣鼓敲起来！

其实早在 1960 年，发射第一颗中国人造地球卫星的计划取消后，发射探空火箭和气象火箭的工作就一直在进行中。后来还发射了生物探空火箭，这是载人航天工程必须经过的环节。1964 年 7 月 19 日，中国第一枚生物火箭在广州发射，它成功地把 8 只白鼠送上了 80 千米的高空。1966 年 7 月 15 日，一只名叫小豹的小狗被送到了 70 千米的高空，然后返回，这只小狗经过震动、低温、噪声等严格的训练，又经过手术，体内移置了记录生命体征的记录仪，采集到的数据对载人航天有着重要的参考价值。几天以后，一只叫珊珊的小狗又被送上天空，也安全返回。当安徽广德基地的科研人员正准备把猴子这样的更接近人类的灵长类动物送上天空的时候，他们被紧急召回北京参加政治运动了，送猴子上天的计划中断了。

政治运动愈演愈烈，载人航天事业磕磕绊绊地进行着，好在"中国载人航天以及研制飞船的发展规划"已经出来了，这是钱学森在 1966 年 3 月底，在国防科委主持召开一次严格保密会议上制定的，会议开了 20 多天，到场的都是航天领域的科学家、学者。周恩来总理听取汇报后指示：在卫星研制的同时，宇宙飞船的研制工作也应该逐步开展起来。

1967 年 7 月，中国科学院和第七机械工业部一起研究了中国发展载人航天的路径和步骤，钱学森组织专家论证，确定了中国第一艘宇宙飞船运载两名宇航员的方案。飞船的名字定为"曙光一号"。钱学森着手筹备飞船总体设计室，指定范建峰主持"曙光一号"飞船的总体设计。

1968 年 2 月 20 日，中国空间技术研究院成立，钱学森任院长。当时，钱学森手上的两件大事，一个是领导研究、发射第一颗人造地球卫星，还有就是领导研究、发射第一艘载人飞船。这两件任务钱学森都运用了系统工程理论去统筹，各项工作得以有条不紊地推进。

钱学森作为载人航天的总指挥，他一手抓"曙光一号"的飞船设计，一手抓宇航员的选拔培养和训练。

钱学森向国防科委请示，建议成立"宇宙医学及工程研究所"。1968 年 4 月 1 日，国防科委批准成立了"宇宙医学及工程研究所"，代号为"507 所"，后来改名为中国航天员科研训练中心。组建初期，没有办公地点，他们在操场上搭起了33 顶帐篷办公，一面完成科研任务，一面参加劳动，搬砖瓦、盖房子，肩背绳拉上千吨的设备器材。中国航天员科研训练中心承担了"曙光一号"飞船生命保障和环境控制系统研制，开展并完成了 53 项主课题，成功研制出我国第一套航天服、第一批航天食品。

1971 年 4 月，中央军委确定选拔宇航员由空军负责。1840 名歼击机飞行员，经过体检有 215 名符合初选条件，接着经过多次筛选，最后只剩下 19 名，按照设想，他们中的两人将飞向太空。

据说，1970 年 7 月 14 日，毛泽东主席圈阅了钱学森主持起草的关于我国发展载人飞船的文件，因此，载人航天工程代号为"714"工程。第一艘飞船计划于 1973 年年底发射升空。随即，1971 年 5 月 13 日，"714"工程筹备组在北京成立并开始开展工作。

1971 年 9 月 13 日，中国的政治生活中突然发生了一件大事：林彪出逃摔死在了蒙古国温都尔汗。载人航天的事被叫停了。其实叫停的主要原因还是和当时的国力有关。周恩来总理讲了几项原则：不与苏美大国开展"太空竞赛"；先把地球上的事搞好；发展国家建设急需的应用卫星。

第一批选拔出来的 19 名宇航员一起接到了通知，要求他们全部都回到原来的工作岗位，而且要对他们经历的重重体检保密。

"507 所"也差一点儿被撤销，但在钱学森的执意坚持下，保留了下来。他说，载人航天什么时候再启动，不知道，但是，基础性的科研不能停。就像人造地球卫星被叫停的时候，他仍然在组织火箭的研制和改进。因为作为一位空气动力学家，他知道火箭的推力有多大，中国航天的舞台就有多大。

钱学森把精力放在了卫星回收技术上。当时掌握卫星回收技术的只有苏联和美国，这也是载人航天的技术基础。1973 年，返回式遥感卫星进入研制阶段。1974 年 11 月 5 日，中国第一次用"长征二号"火箭发射返回式卫星失败了。钱学森率专家组寻找失败的原因，原因是火箭控制系统速率陀螺仪输出电缆断了一根导线。

　　1975 年 11 月 26 日 11 时 29 分，在钱学森的主持下，中国用"长征二号"火箭再次发射返回式遥感卫星，这颗卫星在太空运行 47 圈后于 1975 年 11 月 29 日成功返回。这颗返回式遥感卫星拍摄的照片被送到了中南海，受到毛泽东主席的夸赞。中国成为第三个掌握卫星回收技术的国家。

　　此时，作为国家科委副主任的钱学森，他把下一个目标锁定在了研究第一个地球"静止轨道试验性通信卫星"上，也就是"地球同步卫星"。地球同步卫星技术也只有少数几个国家拥有，大多数国家的通信都是租用或者买进那几个少数国家的卫星。然而，中国一直在向核心技术的巅峰攀登。

　　1975 年 3 月 31 日，毛泽东主席批准了钱学森、任新民等制定的《关于发展中国通信卫星工程的报告》，中国通信卫星工程代号"331"。"331"工程经过 9 年的攻关，1984 年 4 月 8 日，由"长征三号"火箭发射成功，钱学森参与组织领导了这颗地球静止轨道试验通信卫星的研发。至此，我国的大江南北都能接收到清晰的电视节目信号。

　　从卫星上天，到掌握卫星回收技术，再到发射同步通信卫星。一路走来，钱学森主持制定的人造卫星发展规划——

变成了现实。

1981 年，钱学森退居二线了。

他还有一个载人航天的梦想没有实现。但他一直为载人航天做着准备，航天医学工程研究所在艰难的日子里仍然继续着研究工作。航天员的选拔、训练，航空服的研制，航天食品的开发都在进行中。

1986 年的春天，王大珩、王淦昌、陈芳允、杨嘉墀等 4 位科学家向中央领导提出了《关于跟踪研究外国战略性高技术发展的建议》，这个建议受到中央领导的高度重视。我国制定了《高技术研究发展计划纲要》，这就是"863"计划。此后多年，"863"成为一个国人耳熟能详的词汇，这个词汇影响着中国的科学史。"863"计划涉及七个大的领域，第二个领域的主体项目就是"大型运载火箭及天地往返运输系统、载人空间站系统及其应用"。载人航天再次进入人们的视野，载人航天的锣鼓重新又敲了起来。

其中，"天地往返运输系统"到底采取哪一种方式，引起了争论。

一种是飞船，另一种是航天飞机。飞船就是把苏联宇航员尤里·加加林送入太空的那种早期载人运载工具，它是一次性的。航天飞机则具有可重复使用、载量大的优势。1981 年，美国"哥伦比亚号"航天飞机首飞成功，之后，1988 年 11 月，苏联的"暴风雪号"航天飞机也首飞成功。

国内的意见几乎都倾向于发展航天飞机。国家航天领导小组办公室在向中央报告时，把报告复印了一份呈送给钱学森征求意见。当时，钱学森已经退居二线，不好发表意见。但是，他在报告上写了9个字"应将飞船案也报中央"。

受航空航天部委托，庄逢甘、孙家栋主持召开了航天飞机与飞船的比较论证会。会上，李颐黎，这位一直跟着钱学森从事火箭、卫星和载人飞船设计的专家就飞船方案作了说明。他同时指出了航天飞机投资大，技术风险高，单次飞行和维护费用都很高的弊病。

1990年5月，"863-204"专家委员会最终决定采用投资小、风险也小，把握较大的飞船方案。

从1992年9月21日开始，中国的载人飞船工程再次启动，并被命名为神舟载人飞船工程，这项工程与神威高性能计算机、神光高能激光等都是国家级的重大科研工程。

不得不说，钱学森在飞船与航天飞机之争时起了决定性的作用。

那么飞船研制由谁来挂帅？钱学森举荐了王永志。就是在"东风二号"导弹发射时主张泄掉600千克燃料的年轻人。

就在钱学森卧榻的对面，一个他随时能看到的地方，摆着一个神舟飞船模型，那是1999年11月中国第一艘无人试验飞船发射成功后，王永志送给他的纪念。到2002年12月，中国又进行了三次无人试验飞船发射。

2003年10月15日，中国航天员杨利伟执行中国首次载人航天飞行任务，他乘坐由"长征二号F"号火箭运载的神舟五号飞船首次进入太空，实现了中国人的千年飞天梦想。

这一天钱学森终于看到了。2003 年 10 月 16 日，钱学森坐在电视机前，全程看着神舟五号飞船返回地面，当他看到杨利伟面带微笑，自主出舱，向人们挥手致意的时候，他不由自主地抬起手臂，跟着挥手，事后用颤抖的手工整地写道："热烈祝贺神舟五号发射成功，向新一代航天人致敬！"

杨利伟和中国载人航天工程领导去看望钱学森的时候，钱学森一眼就认出了杨利伟。他说："你们现在干成功的事比我干的要复杂，所以说你们已经超过我了，祝贺你们。"

从那时候起，中国航天界就形成了一个不成文的规矩，每次航天员返航回来，都要来看望钱学森。他们围在钱学森床边，你一言、我一语地跟他讲那些天上的故事，钱学森总是特别开心。他们一起回忆过去的奋斗与牺牲，一起品味航天人特有的光荣与梦想。

截至 2023 年，中国载人航天工程在 30 年时间里成功实施了 27 次飞行任务，已经有 16 名中国航天员造访过太空，并全面建成了中国空间站，实现了部组件和关键元器件百分之百国产化，实现了自主可控。

遥望广袤无垠的外太空，繁星闪耀。人类看似像尘埃一样渺小，但人类凭借自己的智慧已经将视野向前推进了 465 亿光年。如果没有人类的参与，这 465 亿光年之内将永远是死寂和尘埃。

第六章　理论担当

苹果树图

钱学森和孙子钱磊有过一段对话。

钱磊说：“爷爷，我们最近在进行党员先进性教育，上级领导就是用您的事迹作为教材，爷爷，您真伟大。”

钱学森听后淡淡一笑，说：“你这个伟大的标准还不够高。半个世纪前，国家让我搞火箭、搞导弹，后来又搞人造地球卫星，我用的都是国外发达国家的成熟理论和技术，没什么新东西，无非是按国家的要求把它们尽快研制出来就是了，这个没什么。你记住，如果这点儿事也叫伟大的话，那么21世纪的爷爷将更伟大。”

在钱学森看来，他晚年提出的系统工程新思想是更具原创性的成果，这些成果一旦被人们理解和运用，将会成为推动社会主义现代化建设更加强大的力量。

时光荏苒，光阴似箭。

那些钱学森亲自点将，又一直亲自指导的一大批年轻人渐渐地成长起来了，一直追随在他身边的任新民、孙家栋、王永志等都已经能独立担纲航天事业重大项目的研制、设计和组织了，钱学森也步入了古稀之年。他书面恳请组织上免去他担任的国防科委副主任的职务，让位给年轻人。

然而，钱学森的心从来就没有从为国家、为人民尽心尽力这个大愿望中走出来。他的思考和行动只是转换了一种方式，继续为祖国和人民做事。他忠于自己作为一个共产党员为党和人民的事业奋斗终身的誓言。他依然竭尽全力地挖掘着自己的智慧，整合着多年的思考，为他热爱的祖国和人民倾注最后一滴血汗。

钱学森在给一位老同学的信中写道："我一切安好，已退居二线，正设法回归学术工作，重理旧业，不知能否有点结果。"

很多人退休，都是回归到自己的兴趣爱好上。要说兴趣爱好，钱学森喜欢音乐。他曾经是交通大学乐队的主力圆号手。回国的时候，他手里还提着一把吉他。他信中所说的回归学术工作，重理旧业，不是这些个人的兴趣爱好，而是他一直倾注心血的系统工程。

1991年，在"国家杰出贡献科学家"荣誉称号颁奖的时候，钱学森就说："'两弹一星'工程所依据的都是成熟的理论，我只是把别人和我经过实践证明可行的成熟技术拿过来用，这个没有什么了不起，只要国家需要，我就应该这样做。系统工程与总体设计部思想才是我一生的追求。它的意义，可能要远远超出我对中国航天的贡献。"

系统工程思想与总体设计部是钱学森一生的理论沉淀和实践总结。

钱学森的导师冯·卡门对他的学术思维和学术能力是十分肯定的，尤其对他的组织管理能力十分欣赏。1947 年 2 月 21 日，冯·卡门推荐钱学森晋升麻省理工学院终身教授，在推荐信中特别提到"他在组织管理方面具有天赋"。

回国后，钱学森在科研的组织管理上继续展示着他的才华。他在他的实践中贯穿了系统论、系统工程的思想。

系统思想是美籍奥地利人理论生物学家贝塔朗菲创立的。他在 1937 年提出了系统论原理，直到 1948 年才得到学术界的重视。钱学森站在科学的最前沿，敏锐地意识到系统思想是现代组织管理方式的重要基础，对管理复杂的工程项目具有重大意义。1963 年，在制定第二个科学规划时，钱学森就正式提出要搞系统工程。

钱学森一面进行着系统工程理论的探索，一面把系统工程理论落地到实践中，并不断将阶段性成果运用到航天事业的组织管理实践。他的一个重要实践就是在国防部第五研究院设立总体设计部，强调抓总体，按系统分层次，把各个环节严密组织起来的。由总设计部负责对各个分系统的技术难题进行技术协调、统筹规划和总体设计。其目标是："不求单项技术的先进性，只求总体设计的合理性。"除此而外，还建立了导弹型号总设计师制度、主任设计师制度、主管设计师制度。这样，"两弹一星"涉及几百家研究所、几千家工厂和几万名科技人员的规模宏大的复杂工程就形成了一个明晰的体系，各项组织和管理工作统筹规划、分头实施、协调推进，避免了头痛医头、脚痛医脚，呈现出了有序的、规范的运作态势。

在他的要求下，国防部第五研究院有关部门都挂起了系统流程图，系统流程图使各项工作平面、直观地呈现出来。由于流程图的样子像苹果树，人们就称其为苹果树挂图。有了苹果树挂图，总设计师、总工程师就对计划、进度、责任人等做到了总揽全局。总体设计思想和方法在"两弹一星"和国防事业的发展过程中，在领导、科研、设计、生产等方面发挥了重要作用。中国科学院院士、中国力学学会理事长方岱宁说："创造性地提出系统工程思想是钱学森留给中国科技界最宝贵的财富之一。"

1978 年 3 月 18 日，全国科学大会在北京召开，中华大地迎来了科学的春天。

一位高层领导曾对钱学森说："你们那套方法能否介绍到全国其他行业去，让他们也学学？"

上海《文汇报》向钱学森约稿，钱学森觉得系统工程在理论和实践两个层面都有了长足的进展和丰硕的成果，便和许国志、王寿云商量了一阵子，写出了一万字的《组织管理的技术——系统工程》。这篇一万字的文章对报纸而言是太长了，但《文汇报》作出了"全文刊登，一字不改"的决定。1978 年 9 月 27 日，《文汇报》第一版，右方头条位置刊出署名钱学森、许国志、王寿云的文章，从头版转至第二版、第三版，连 11 条注释都登出来了。

这篇文章没有官话套话，显示出钱学森一贯的文风，语言生动活泼、思路清晰，且易懂好记。钱学森认为，系统工程就是用系统的观点和系统分析的方法，以最少的人力、物力投资取得最优的效果，获得最佳的经济效益。从学术上来说，它是一篇系统工程的开山之作，也是奠基之作。

系统学是需要建立的新兴学科，钱学森呼吁以系统学讨论班的形式，开展学术研究，培养专业人才和队伍。1986 年 1 月 7 日，钱学森在系统学讨论班上亲自讲了关于建立系统学的学术报告。此后的七年时间里，每次讨论班他都参加，他还提出了新的系统分类。

他积极呼吁成立中国系统工程学会，还和一些科学家在中央人民广播电台、中央电视台上举办系统工程系列讲座，普及推广系统科学、系统工程思想。1982 年 11 月，钱学森等撰写的《论系统工程》一书由湖南科学技术出版社出版，这本书收录了钱学森及其合作者研究系统工程的论文 20 篇，共 18 万字，它标志着钱学森对系统工程研究达到了成熟阶段。1990 年，《自然》杂志第 13 卷第 1 期上刊发了钱学森、丁景元、戴汝为的文章《一个科学新领域——开放的复杂巨系统及其方法论》。钱学森不仅提出了开放的复杂巨系统的概念，同时还提出了处理这类系统的方法论和具体方法。他与国外科学家不同，他不是从复杂性的抽象定义出发，而是从实际出发，从方法论的角度出发。

经过40多年的应用和发展，系统工程已经从理论走向实践，从航天工业走向国家决策机构，从工程设计走向国家治理，并衍生出农业系统工程、教育系统工程、法治系统工程、军事系统工程等众多分支，系统性、系统工程已经成为各个层级管理人员自觉的思维模式。当我们去做一个相对复杂的事情的时候，会习惯性地画出一个简单的"苹果树图"。可能很多人并不知道，那个致力于系统学的完善和推广的人与把"两弹一星"送上天空的是同一个人。

如今，系统学、系统工程已经成为推动国家治理体系建设与治理能力现代化的重要理论基础。翻开报刊，我们对这些提法已经耳熟能详："顶层设计""改革开放是一个系统工程""更加注重改革的系统性、整体性、协同性""全面推进依法治国是一个系统工程""实施创新驱动发展战略是一个系统工程"，等等。

钱学森的儿子钱永刚说："系统工程是战略科学家钱学森一生最具亮点的学术创新，它标志着钱学森实现了从科学家向思想家的跨越。"

科学架构

1991 年，钱学森走进了他生命的第 80 个年头。

抬头望向窗外，是那棵高大的梧桐树。光滑青绿的树干不知什么时候起出现了很多斑驳，但那心形的叶片依旧年年郁郁葱葱，阳光透过枝叶的间隙照耀进房间，留下跳动的光影。靠近窗户的那排书架上的书和资料有些泛黄，既是因为岁月，亦是因为阳光。

这时候，钱学森已经退出了很多社会性的事务，大部分时间他都是待在他那 20 多平方米的客厅里，忙碌着他每日的功课，读书、思考、写信、做剪报、听广播……

但他是无法被忘记的。这一年的 10 月 16 日，国务院、中央军委分别授予钱学森"国家杰出贡献科学家"荣誉称号和一级英雄模范奖章。"国家杰出贡献科学家"是我们国家至今唯有钱学森获得过的奖项。

钱学森再一次走进庄严宏伟的人民大会堂。

这是中国人民当家作主、行使人民权力的神圣殿堂，是中国的"红色地标"。1959 年 9 月 9 日，毛泽东主席亲自给它命名，"就叫'人民大会堂'吧，因为它是属于人民的！"钱学森记不清来过这里多少次了，但它能见证那些新中国的急事、难事、愁事和人民盼望的事都是在这里形成决策的，那些决定着国家前途和命运的重大决策都是从这里出发的。每次走进人民大会堂，他都感觉自己好像是一滴水融进了海洋，他既感受到了一滴水的细小，也感受到了海洋的壮阔。

当国家领导人庄重地把"国家杰出贡献科学家"荣誉证书和一枚金灿灿的一级英雄模范奖章授予钱学森的时候，全场响起经久不息的掌声。

在授奖仪式上，钱学森发表了一段即兴讲话。

他说："今天我不是很激动！"正当大家感到诧异的时候，他又说，"我这一辈子已经有过三次激动的时刻。"

他说起了他的三次激动：第一次激动是在1955年。他被允许回国了，他向他的恩师告别，冯·卡门很有感触地对钱学森说："现在在学术上你已经超过我了。"钱学森一听导师这句话，激动极了。自己学术上超过了这么一位世界闻名的权威，为中国人争了气。

第二次激动是在1959年，正是新中国成立10周年的时候，钱学森被接纳为中国共产党党员，这次他激动得整晚都没睡着。

第三次激动是中央组织部决定把雷锋、焦裕禄、王进喜、史来贺和钱学森这5个人作为新中国成立40年来在群众中享有崇高威望的共产党员的优秀代表。钱学森说自己激动得不得了，因为他现在是劳动人民中的一份子了，而且是跟劳动人民中最先进的分子连在一起了。

钱学森的肺腑之言引起了在场所有人的深思和掌声。

就在这时，钱学森又向中央领导汇报了他的下一个心愿，他说："我们完全可以建立起一个科学体系，而且运用这个科学体系去解决我们社会主义建设中的问题。我在今后的余生中就想促进这件事情。"

钱学森说的"科学体系"指的就是他晚年倾注了大量心血和精力，以马克思主义哲学为指导，运用实践论、系统论的观点，构建的现代科学技术体系结构。

早在 20 世纪 40 年代末，钱学森就开始对科学技术体系结构的探索。钱学森指出："现代科学技术不单是研究一个个的事物、一个个现象，而是研究这些事物、现象发展变化的过程，研究这些事物相互之间的关系。今天，现代科学技术已经发展成为一个很严密地综合起来的体系，这是现代科学技术的一个重要的特点。"钱学森还认为，科学技术的综合化不在于最终形成一门学科，而在于使全部现代科学成为一个结构有序的有机系统，重要的是弄清这个体系的结构。

基于这样的思考，从 20 世纪 80 年代末到 90 年代初，钱学森深入观察和思考世界科学发展的漫长历史、科学进程及成果，运用辩证唯物论和系统科学的观点与方法，构建了一个涵盖 11 个科学技术大部门的现代科学技术体系结构。包括自然科学、社会科学、数学科学、系统科学、思维科学、人体科学、军事科学、行为科学、地理科学、建筑科学以及文艺理论。这是人类迄今所认识到的客观世界规律性的全部精华，而传统的科学体系划分只有自然科学和社会科学的分类，这种划分大大地细化了分类。除文艺理论外，每个科学门类又涵盖基础理论、技术科学、应用科学三个层次，而这三个层次之间的关系与影响是双向的、统一的。"基础理论——技术科学——应用科学"的层次结构明确了从实践不断抽象为理论的发展路径，以及基础理论对工程实践的指导作用。通过三个层次的划分，使这个体系搭起一个立体的框架，而这一体系的最高概括就是马克思主义哲学。钱学森认为，这个体系结构并不是一成不变的，将来科学技术发展了，还会有新的科学技术部门补充进来，它是一个开放的动态的发展的知识体系。

钱学森认为这个科学技术体系结构有两方面的好处，一是有助于使人自觉地理论联系实际，在相关层次能够更有针对性地展开研究，从而促进生产力的发展；二是便于了解相关学科或者项目在整个现代科学技术体系中的地位和作用。

2008年5月27日，国内多学科、跨领域的37位专家齐聚北京参加香山科学会议第324次会议，会议的主题是现代科学技术体系总体框架的探索。大家围绕钱学森现代科学技术体系思想的产生、发展和科学意义进行了深入研讨。自国家科技部和中国科学院从1993年发起香山科学会议的同时，还多次对钱学森的"开放的复杂巨系统"等学术思想开展了学术研讨活动。

自2019年开始，中央军委科技委连续启动了两期"国防科技战略先导计划"项目，挖掘研究钱学森现代科学技术体系的丰富内涵。

钱学森现代科学技术体系蕴含着极其丰富的学术思想和理论创新。钱学森作为中国航天奠基人和战略科学家的定位已被世人公认，现代科学技术体系等理论建树是钱学森回应时代的理论担当，这些建树向世人展示了钱学森杰出的科学思想。

大成智慧

钱学敏第一次见到钱学森这位堂兄是在 1947 年的夏天，那一年她才 14 岁。也就是钱学森那次短暂回国的时候，他到北京看望亲戚时见的面。钱学敏的父亲钱家骥与钱学森都是北京师大附中毕业的。

钱学森回国后，钱学敏也在北京，但他们见面不多。

1989 年，在中国人民大学教哲学的钱学敏参加了一个有关钱学森的学术研讨班。那时候，钱学森已经是大科学家了，钱学敏面对从小就认识的堂哥也不敢多说话。钱学森对她说："你不要怕，有问题就问我。"从那时候起，她的这位堂兄就成了她的良师益友。

钱学森给钱学敏写了 200 多封信，他们讨论最多的是"大成智慧"的话题。

钱学森说，自己花了 70 年才悟到一些道理，花的时间太久了，希望后辈能缩短这个时间，早日领悟。大成智慧用钱学敏的话说：就是"集大成，得智慧"。是引导人们如何尽快获得聪明才智与创新能力的学问，这是钱学森思想体系中很重要的一部分。钱学森在一生中一直在探索人才培养模式，他认为人才的培养要走科学与艺术相结合的道路。

钱学森借鉴了哲学家熊十力的观点，把人的智慧分为量智和性智。量智主要指科学知识、科学思维；性智主要指文艺知识、艺术思维。钱学森明确提出，量智和性智，缺一不成智慧。因此，"大成智慧学"是以科学的哲学思想为指导，是"量智"和"性智"的结合，是科学与艺术的结合，是逻辑思维与形象思维的结合，是思维的整体观和系统观。

钱学森结合自己的成长，说："我父亲很懂现代教育。他一方面让我学理工走技术强国的路，另一方面又送我去学音乐、绘画等艺术课。我从小不仅对科学感兴趣，也对艺术感兴趣。""这些艺术上的修养，不仅加深了我对艺术作品中那些诗情画意和人生哲理的深刻理解，也让我学会了艺术上大跨度的宏观形象思维。我认为这些东西对启迪一个人在科学上的创新是很重要的，科学上的创新光靠严密的逻辑思维不行，创新的思想往往开始于形象思维，从大跨度的联想中得到启迪。"

1991 年 10 月 16 日，钱学森在人民大会堂参加授奖仪式，他在即兴演讲中以自身的成长为例，现身说法，他说："44 年来，蒋英给我介绍了音乐艺术，这些艺术里所包含的诗情画意和对人生的深刻理解，使我丰富了对世界的认识，学会了艺术的广阔思维方法，或者说，正是因为我受到了这些艺术方面的熏陶，所以我才能够避免死心眼儿，避免机械唯物论，想问题能够更宽一点、活一点。"

2005 年是钱学森冲破重重阻挠，回到祖国的第 50 年。中国航天科工、科技两大集团想策划一些纪念活动。他们就找到钱永刚商量这件事。"知父莫若子"。钱永刚知道父亲一向对各种荣誉、奖励和纪念活动都很淡然，但却一直牵挂着国家的教育事业，于是，就和两大集团商量，还是在教育上做点儿事吧。

于是，中国航天科工、科技两大集团策划的活动之一就是铸造一尊钱学森塑像。5 月，钱学森的塑像在北京海淀实验中学落成了，全国中学第一个"钱学森实验班"也在北京海淀实验中学成立了。

北京海淀实验中学把钱学森的"大成智慧"教育思想引进了他们的课堂。孩子们带着对钱学森的崇高景仰和深厚情感投入到自己的学习、生活，在榜样的人生中汲取着力量。学校增设了学科竞赛、艺术素养、实践创新、航天游学等课程，特别是对"钱学森实验班"的育人目标、课程建设、人才培养途径、评价方式等都做了大胆的尝试和探索。

那时，中国的教育还沉浸在应试教育的迷雾中，分数成了学生们的"命根子"。其实，人类的自然科学历史就是一部想象力和创造力大放光彩的历史。无奈，应试教育的模式使这种科学思维和科学模式离我们远去了。北京海淀实验中学这些尝试和探索就像为一潭死水引来了源头活水，少年之心因此备受鼓舞、澎湃激荡，那些曾经被认为是枯燥的知识和人类的文明智慧以崭新的形态呈现了出来，就像如酥的春雨催生着莘莘学子心中的梦想。

也是这一年，已经 94 岁的钱学森依然头脑灵敏，每天保持着较大的阅读量，只是时不时地要在医院住上一阵子。

7 月 29 日，一位中央领导去医院看望了他。他给钱学森这位充满科学精神，又富于艺术气质的老朋友带去了一束鲜花。两人相谈甚欢。这位领导向钱学森介绍了在国家层面的几项重大工程。钱学森认真地听着，边听边点头。忽然，他眼睛一亮，说："我还要补充一个教育问题。现在中国没有完全发展起来，一个重要原因是没有一所大学能够按照培养科学技术发明创造人才的模式去办学，没有自己独特的、创新的东西，老是冒不出杰出人才，这是很大的问题。"中央领导边点头，边轻轻拉着钱学森的手说："您嘱咐的几件事我们都记住了。"

后来，有人把这句话简化了一下，就是"为什么国内的大学老是冒不出有独特创新的杰出人才？"这就是著名的"钱学森之问"。

此后，这位中央领导每年都去看望钱学森，直到 2009 年，钱学森离开的那一年。

就在钱学森离开不久，2009 年 11 月 11 日，安徽高校 11 位教授联合《新安晚报》给新任教育部部长袁贵仁及全体教育界发出了一封公开信，重提"钱学森之问"。不久，教育部联合中组部、财政部为回应"钱学森之问"，推出了"基础学科拔尖学生培养实验计划"，简称"珠峰计划"。

一些高校纷纷办起了以钱学森的名字命名的实验班，西安交通大学"钱学森实验班"、清华大学"钱学森力学班"、国防科技大学"钱学森创新拓展班"、上海交通大学"钱学森班"、西安电子科技大学"钱学森空间科学实验班"，等等。一批批迷恋科学、热爱创新和勇于探索的少年英才聚集在一起，他们本科阶段就实行一般到了研究生阶段才实行的导师制，单独编班，使用独立的教材，独立的授课模式。与此同时，全国各地的中小学"钱学森班"也像雨后春笋一个接一个地办起来了。到 2022 年，全国 20 个省市自治区已经有 64 所学校建成"钱学森班"，还有 4 个"钱学森学院"和 4 所"钱学森学校"。这些创新型教育模式像一艘乘风破浪的旗舰引领着中国教育体制和教育机制向着以培养创新型人才的方向扬帆远航。

这一时期，钱学森还积极倡导思维科学的研究。钱学森在他建构的现代科学技术体系结构中，将思维科学作为一个部门和其他部门并列，这样可以明确上下左右的联系，有利于思维科学内部各学科的相互借鉴、促进发展。他还提出创建思维科学技术部门。

钱学森还是人体科学的倡导者。1980 年 2 月，《四川日报》报道了大足县一个叫唐雨的小朋友能用耳朵读字。第二年，钱学森在上海组织召开了第一次人体特异功能研讨会，他倡导加强人体科学的研究。这次研讨会有一个背景，那就是 1980 年前后全世界兴起了一股研究人体特异功能的热潮。2017 年，美国中央情报局（CIA）公开了 1300 万页的解密文件，文件显示美国国防高级研究计划局（DARPA）主导的"Stargate Project"绝密计划从 1978 年就开始研究远程透视、预测未来、不明飞行物、脑控实验等。苏联这方面的研究还要更早一些。

钱学森把气功、特异功能、中医系统理论置于科学的框架之内去审视，1998 年出版了《论人体科学与现代科技》一书。他提出研究特异功能绝不是想给一个普通人眼中的困惑和"迷信"一个科学的解释，而是与全球顶尖研究机构的研究项目进行着同步的探索。这是一个科学家的远见卓识。

文以载道

马兴孝是钱学森带过的研究生，在中国科学技术大学化学物理系工作，他与导师感情深厚。有一次，他写信给钱学森，想邀请导师到校讲学。钱学森明确回复说："您建议我去合肥，这把我难住了，我是不去任何高等院校、中等学校、小学校的，只去一处，即中共中央党校。"

依钱学森的性情，他钟爱教书育人、传道解惑的职业，也爱在学术上帮助人，总是倾其所能。但是，一个人的精力是有限的，他必须舍弃很多事情，他要为自己读书思考和潜心治学留下足够的自由支配时间。

他说："如果一个科学家的生命属于科学，就应把自己的生命过程使用得更有效率、更精细、更有韧劲。一个科学家的生命当说已经不属于自己，他应该属于创建科学的巅峰。不妨把科学家的生命看成是前人创造者的继续。科学家总是登着前辈的肩头攀援，而自己，往往又成为后人的人梯。"

一天，钱学森叫来他的秘书和学术助手涂元季，把一张聘书递给他，让他马上退回去。涂元季一看这张聘书，上面"钱学森"三个字用红笔画上了一个大叉，钱学森说："告诉他们要公开更正。"他的态度非常坚决，没有商量余地。涂元季简单统计过，仅在《钱学森书信集》里，通过书信就辞掉了30

多个顾问、名誉会长、学术指导委员会委员等头衔。

1984年8月31日，中国展望出版社和中国发展出版社想请钱学森担任学术顾问委员会委员，还赠送了两册图书。钱学森把聘书退回去了，他说，自己在经济科学领域只是个小学生，怎能滥竽充数，混迹于学术顾问委员会之中。两册书留下了，书款按定价4元9角5分汇款过去。渐渐地，大家也都理解了钱学森的四条原则，即不题词、不为人写序、不参加任何科技成果评审会和鉴定会、不出席应景活动。

1991年12月，街上已经有了迎接新年的味道。中央党校副校长邢贲思约上教务部主任辛守良，他俩照例要给钱学森送去中央党校的兼职教授聘书。由于身体的原因，钱学森已经有两年没有去中央党校讲过学了，他们依然希望钱学森重登讲台。钱学森接过这个聘书，爱不释手。中央党校兼职教授这个学术身份他是非常看重的，中央党校也是钱学森晚年唯一系统讲学的学校。

中央党校讲学是他为自己开辟的一个新战场，他像当年领下研制导弹的任务一样，领下了研究中国社会发展、中国长治久安、中国人民的幸福和尊严这样的理论大课题。他要因势而谋、应势而动、顺势而为，要把世界的风云变幻和田间地头、工厂车间、基层社区人民群众的苦乐冷暖统统考虑进去，他要基于当下，为祖国和人民描绘出未来的场景，让来听课的实干家们学有所思、学有所得、学有所用。这就是一个中国知识分子的理论担当，就是他的家国情怀，就是他的另一场"治国、平天下"征程的再出发。

中央党校是全国党政干部教育和培训的最高学府，在中国政治、思想和学术等领域具有极其特殊的地位。毛泽东、刘少奇都曾经登台讲课。中央党校复校以后，在教学组织上一方面强调"以读马恩列斯和毛泽东著作原著为主""以自学为主"；另一方面，就是保留老传统，请党和国家领导人、党中央和国务院各部门负责人，科研机关和高等院校的专家学者来学校作专题报告，阐述党和国家重大的理论观点、方针政策，发挥好授业解惑的作用。

1977 年起，钱学森被中央党校聘为名誉教授，直到 1989 年，钱学森在中央党校讲学和参加研讨共有 18 次。他讲的题目有"我国社会主义建设的大战略问题""当前我国的改革""我国社会主义初级阶段的建设问题""社会主义文明的协调发展需要社会主义政治文明建设""新技术革命的若干基本认识问题""谈自然辩证法问题""现代科学技术的体系与知识""社会主义现代化建设和领导决策的科学化""谈垄断资本主义问题和产业革命问题"，等等。单就题目看，讲学内容远远超出了一个空气动力学家、一个科学家的专业范畴，他以强烈的使命感主动回应着时代的问题。

理论研究同样需要逻辑严密和思想创新。从留存下来的讲学手稿、发言提纲、备课笔记、修订文稿、往来信函、材料批注看，每次讲学钱学森都下了很大的功夫，投入了全部精力准备讲学内容，而且每次讲学的间隔也比较长，只有他对某个问题进行了深入研究，经过长期沉淀后形成比较成熟的学术成果，有了新的"看见"的时候，他才会去讲。讲过之后，他会以讲的内容为基础形成完整的文章，从提纲到文章，他都是亲力亲为，文责自负。早期的讲学内容曾经以铅印单行本的形式印刷了一些，还有的发表在了《中央党校校刊》《理论月刊》等中央党校主办的刊物上。后来又出版了《社会主义现代化建设的科学和系统工程》《钱学森在中央党校的报告》两个文集。

在中央党校讲学这些年，他长久深入思考的系统工程理论、现代科学技术体系架构、马克思主义哲学观等这些事关国家长远发展的科学谋划，事关社会和谐发展的战略思考，以及对人类前途和命运的超前预见，经过从航天工业到社会各个领域、从自然科学到社会科学的反复探索和多重实践，已成为科学总结，逐渐形成了完善的战略思想体系。

2008年1月19日，中央领导去钱学森家看望他，他已经97岁高龄，但依然头脑清晰。当他得知，中央提出科学发展观，就是要统筹兼顾，注重全面协调可持续发展，还有沙产业也发展得很好的时候，钱学森脸上露出了欣慰的笑容。

他知道，他仍然在用自己的力量守护着、捍卫着他的祖国和人民，一如他多年前在西北大漠上迎着东方刚刚升起的朝阳，站在高高的发射架前，英姿勃发地指挥着导弹发射的时候一样，可谓是"时有所需，必有所为"。

吐哺之心

沙产业也是钱学森一直牵挂在心的事情。

1958 年，从朝鲜战场归来的志愿军第 19 兵团征尘未洗，又开赴进了素有"生命禁区"之称的巴丹吉林沙漠。他们在内蒙古阿拉善盟的额济纳河边，划定了军事禁区，开始了酒泉基地建设。20 世纪六七十年代，西部大漠成了钱学森的主战场，他就在北京和基地之间不停地来回奔波，他对大西北那片土地有着特殊的感情。

有两个场景让钱学森铭记在了心里。

一个是创建之初，基地的环境很艰苦，战士们不得不把附近的梭梭树砍下当柴烧，取暖、烧饭都得用它。钱学森就和他们讲："光砍不种怎么能行？"旁边的人告诉他，这东西生命力顽强，砍了，过不多久就又长出来了。钱学森就开始留心观察梭梭树，观察周围的环境。他发现自己对沙漠的认识是有局限的，沙漠并不是死亡之海、不毛之地。偶尔有时间他就会去沙漠边看看，他说："在内蒙古额济纳河边散步的时候，发现沙漠并不是一片黄色、一片荒凉，更不是鸟儿也不飞的地方，那里有绿洲，有生命力极强的沙生物。"

于是他开始关注起了沙漠治理。

1984 年，在一次全国性的科学工作会议上，钱学森对沙漠综合治理和开发利用提出了一系列见解。坐在台下的刘恕听得热血沸腾。她怎么也不会想到，钱学森这位航天事业的奠基人讲起沙漠治理竟是这样的高屋建瓴。

刘恕和她丈夫田裕钊毕业于苏联列宁格勒基洛夫森林工程学院，学的是生物学，回国后，他们一直致力于沙漠治理。刘恕的家里，有一个厚厚的文件夹，里面收藏着钱学森写给她的 53 封关于治沙产业的信。她还有一份中国科学院农业研究委员会在 1984 年 8 月 20 日印发的文件，题目是《创建农业型的知识密集产业——农业、林业、草业、海业和沙业》，作者是钱学森。这份文件是刘恕调到中国科学协会时，钱学森送给她的。文件上还有一行字："刘恕同志：老旧货了，请您把它作为古董存着吧！钱学森 1989 年 10 月 12 日。"

刘恕说："这份'古董'文件太重要了。"钱学森说："我国沙漠大约有 16 亿亩，和农田面积差不多，沙漠并不是什么也不长，其潜力远远没有发挥出来。沙产业就是在'不毛之地'搞农业，而且是大农业，这可以说是又一项尖端技术。"他提出了沙产业的 12 字方针："多采光、少用水、新技术、高效益。"还论述了沙产业的特点，利用阳光，通过生物，延伸链条，依靠科技，面向市场，创造财富。他还指出，与富民工程、大棚农业和节水灌溉系统紧密结合，用电脑控制的滴灌技术、渗灌技术、微灌技术、无土栽培技术和生物高新技术将作为沙产业的科技支撑。

想起西部大漠，还有一个场景让钱学森记在了心间，那就是牧民搬迁。

那时，划定的基地范围内还有些蒙古族牧民需要搬走。当地的干部一动员，他们就拆了毡房，收拾好家当，携妻带子，赶着牛群和羊群撤离了。弱水河畔这一处绿洲是他们祖辈落脚的，他们每年都要赶着牛群和羊群来到这里，住上一段时间。这次走了，他们就不能再回来了，但他们无怨无悔。一个脸庞晒得又红又黑的牧民笑着用生硬的汉语说："干部说了，国家的事就是天底下最大的事。"

这一幕让钱学森很是感动。

1984 年 5 月底的一天，钱学森在一堆刚收到的函中发现有一封来自内蒙古的信。他先拆开看。写信的人叫郝诚之，是《内蒙古日报》副刊《科学宫》的一位编辑。他在信上说，自己于 1964 年大学毕业后在内蒙古鄂尔多斯工作了整整 17 年，很崇敬钱学森。内蒙古有 13 亿亩草原，很想听听钱学森对开发利用草原的见解，他向钱学森约稿。

其实，郝诚之写了信，贴上 8 分钱的邮票寄出去了，他没抱太大的希望，他编报纸，给人发约稿信是常事，他觉得钱学森那么忙，可能没有时间理会一个小小的副刊编辑。

十几天后，收发室叫郝诚之过去亲自去签收一封北京寄来的挂号信，郝诚之过去一看，信封上印着"中国人民解放军国防科学技术委员会"的红字，他忙不迭打开一看，是钱学森应约写的《草原草业和新技术革命》文稿，还有给他写的留言。

这可是一件大事。郝诚之马上向报社领导作了汇报，报社领导立即决定在头版显著位置刊登。1984年6月29日，《内蒙古日报》在头版发表了导读文章《著名科学家钱学森应约为本报撰专论〈草原草业和新技术革命〉》。

钱学森在文章中指出："在农业和林业之外，还有一个草业。也就是利用草原，让太阳光合成以碳水化合物为主的草，再以草为原料发展畜牧业及其他生产，这就是人认识上的飞跃了。现在国家有农业部、林业部，可没有草业部，而我国草原面积是农田面积的3倍，一共约43亿亩，怎么能忽视草呢？"

"现代科技告诉我们，牛粪可以养蚯蚓，蚯蚓可以喂鸡，鸡粪可以养鱼，鱼塘的水在密闭的水泥池中加上青草可以产生沼气，沼气可以照明、发电、加工饲料、搞工厂化养殖。生产要素集中了，人口集中定居了，工商业发展了，就可以建草原小城镇了，也就是'草业新村'。"

"我们要利用新技术革命的机会，利用系统工程的方法研究，研究并创立中国式的现代化草业和草业系统工程。"

1985年3月17日，这篇发表在地方报纸上的文章在《人民日报》上全文转发，引起了更为广泛的反响。

钱学森在后来又与刘恕等专家学者的通信中不断完善他的构想。他说："沙产业是用系统思想、整体观念、科技成果、产业链条、市场运作、文化对接来经营管理沙漠资源，实现沙漠增绿、农牧民增收、企业增效的良性循环的新兴产业。

草产业是草原为基础，利用日光，通过生物，创造财富的产业。"他还提出了开创 21 世纪大农业，为什么要强调 21 世纪呢？因为只有到了 21 世纪，才具备搞大农业的高起点、高技术、高转化、高效益的新型产业条件。他强调："善待沙漠、草原；尊重自然规律；关注边疆民生；兴边强国结合。"

钱学森对沙业、草业的思考和见地是他对他曾经工作过的那片土地的热爱，是对那里人民的热爱，是一个科学家的使命担当。他用自己的科学思维预见了沙业、草业的未来发展方向，他守护着千顷沙海、万里草原。他先后给中央领导、国家部委、科研人员写了 400 多封书信，建议和指导有关部门地区进行林产业、草产业、沙产业的实践。

钱学森一直都记得他的老师王士倬说过的一段话："一个有责任感的科学家必须对社会作出更加实际的贡献，一个出色的科学家必须是改变社会现象的有力因素。"

2003 年，内蒙古沙产业草产业协会成立，他们想请钱学森当"名誉顾问"，钱学森对这类邀请一概拒绝，但这次他欣然接受了协会"名誉顾问"的头衔。这是他晚年接受的仅有的两个社会职务之一。

20 世纪 90 年代以来，东起科尔沁沙地，西至天山南北的荒漠地区，沙产业取得了可喜的成果。1998 年 10 月，"促进沙产业发展基金会表彰奖励及座谈会"在北京人民大会堂召开。在张掖沙产业发展的图片前，日本友人远山正瑛大为震撼。他以治沙闻名世界。他向刘恕恭恭敬敬地鞠了三个躬，说："你们打败了我，我从事治沙已经几十年了……但是今天看了你们的图片展示，发现你们的方法思路比我高明得多。"当远山正瑛得知这些理论是钱学森提出来的，更是感叹不已，心想，他怎么会对防沙、治沙有这么精辟的论述呢？真是不可思议。

酒泉附近的弱水河是额济纳河的支流。《山海经》记载："昆仑之北的水，其力不能胜芥，故名弱水。"弱水河已经记住了钱学森在那片土地上的风尘仆仆。

剑指未来

科学是指向未来的。钱学森也从来没有放弃过他对未来的探索。

他的思考、智慧已经穿越专业的局限和时间的重重迷雾，进入到一片更加开阔的境地，那里充满自由、充满洞见、充满惊奇。他的精神世界已如一块璞玉历尽岁月，浑然天成，呈现耀眼的光芒和温润之美。他的精神宇宙，比普通人更庞大而缥缈，更冷静而理性。他对身边寻常事物和事件的思考很多都成为指向未来的预言，他已经成为中国科学发展和中国未来社会的先知。

1987年，他出访英国和德国，那时候他还是中国科协主席。

走在伦敦摄政街上，身边车水马龙，耳边是一声高过一声的汽车喇叭声，空气里是一浪高过一浪的汽车尾气味道，他无意欣赏两侧的英伦建筑和街景，心里盘算起中国的汽车工业发展模式。

很多人想不到，钱学森还是一位有几十年驾龄的老司机。他在加州理工学院毕业后就留校任教了，为了交通方便就为自己买了一辆轿车做代步工具，这在美国是很平常的事情。从麻省理工学院返回加州理工学院的时候，他们一家就是开着车从美国西海岸一路向东，穿越北美大陆到达东部的洛杉矶的。这些早年的驾驶经历给他留下了与汽车时代相伴相生的"污染、噪声、杂乱、拥挤"的印象和感受。

基于上述经历和我国的科学技术与工业制造的实际。1992年8月22日，钱学森写信给国务院副总理邹家华，建议"我国汽车工业应跳过用汽油柴油阶段，直接进入减少环境污染的新能源阶段"。那时，钱学森就预计到21世纪30年代，我国每年汽车需求量将达到1000万辆，汽油、柴油作为不可再生资源储量有限又会产生环境污染。他在信中直言："在此形势下，我们绝不应再等待，要立即制定蓄电池能源的汽车计划，迎头赶上，力争后来居上！……所以国家要组织力量，中国有能力跳过一个台阶，直接进入汽车的新时代！"

丁景元是多年跟随钱学森从事系统科学研究的系统科学家、数学家。1993年3月14日，钱学森写信给丁景元，信中写道："民用汽车一定要电气化，用蓄电池。而在'863'计划中我们已突破氢化物，镍电极电池已在开发中。那为什么不立即下决心搞电动汽车，跳过汽油车这一阶段？"

那一年，钱学森已经82岁了，从那些字里行间，我们都能感受到他的急迫心情。时至今天，已经30年过去了，我们国家的汽车工业不仅没能跨越汽柴油阶段，更让人遗憾的是汽柴油车还带来了环境污染、雾霾天气、噪声污染等诸多问题。对此，我们又不得不花去了大量的人力、物力、财力去治理。然而，让人欣慰的是，中国的新能源工业却已经走在了世界前列，截至2022年，中国的新能源汽车产、销量分别达到705.8万辆和688.7万辆，连续8年保持全球第一，仍将在较长时间内处于领跑地位。

1989年底，钱学森的手边放着一本《中国美食诗文》，他看得很入迷，家乡情里总是饱含着浓浓的家乡味道。钱学森的祖籍是杭州，那是一个讲究精致生活的地方，杭帮菜的清淡也是名扬天下的，钱学森自己也是喜欢动手做菜，在美国的时候，朋友聚餐都是他主厨的。然而，就是饮食这样一个大众话题，在钱学森的眼里却有着非同一般的见地。

他说，研究快餐业将会引发一件大事，一件人类历史上新的革命！他预言，家庭厨房将要退出历史。"吃饭"这个看似简单的行为，却是人类历史背后的操手。吃什么？怎么吃？这样的问题，普通人望过去不过是下一餐，钱学森一睁眼就是几十年后的中国未来。他提出要大力发展快餐业。"我们认为一条必然的路是从家庭厨房操作走向饮食由快餐店配送，形成烹饪工业化。"这是一个基于营养科学、食品加工产业、烹饪艺术、连锁经营、金融支持等多维度协作的考量。

钱学森还提出发展快餐业同样可以服务于战时之需，工业化的给养补给方式可以快速满足士兵的给养。这也是钱学森"军民融合"发展思想的一个现实设想。当然，作为烹饪高手，钱学森在设想食品餐饮工业化的同时，也给予了"大师操作"以尊重，他设想保留"特殊风味饮食的店"。

让我们再回到当下，时下的中国，从都市到乡镇，哪一条马路上没有外卖骑手的身影呢！外卖、快餐都已经成为习以为常的餐饮方式了。来自《中国餐饮发展报告 2022》的数据显示，2021 年我国快餐的市场规模达到了 9086 亿元。很多人也从来没有想过，曾经把导弹送上天空的航天英雄钱学森与今天的餐桌有什么联系。

更让人惊叹的是 20 世纪 90 年代中期，钱学森就提出了发展"人机结合"技术的建议。那一年埃隆·马斯克还只是一个大学生，20 多年以后的 2020 年，埃隆·马斯克率领他的 Neuralink 公司正在研究脑机接口技术，他们向世界展示了一只叫格特鲁格的猪，它接受了芯片植入手术，变得更加顺从。

钱学森的科学视野从来也没有离开过计算机。1952 年 5 月 2 日，他在写给冯·卡门的信中说道："快速计算机的真正价值不是计算和给出数值结果。因为这是一个被动作用，而其更重要的作用在于控制和指导工程系统的运行。"他一直关注着计算机的发展动态和趋势，他对人工智能、网络信息以及机器人技术长年跟踪研究，同时，根据中国的实际，从技术革命的角度提出了许多带有预见性和战略性的意见和建议。

1978 年，钱学森就提出了"全国性的情报资料网"的概念。1993 年，他畅想过一幅生活场景："所谓 21 世纪，那是信息革命的时代了，由于信息技术、机器人技术，以及多媒体技术、灵镜技术和遥作技术（Telescience）的发展，人可以坐在居室通过信息电子网络工作。这样住地也是工作地。"今天，我们的生活不就是这样吗？

20 世纪 80 年代，钱学森就预言 VR（Virtual Reality）即虚拟现实技术是"继计算机革命之后又一项革命性技术，将引发一系列震撼全世界的变革"。1990 年 11 月 27 日，他给当时担任国家"863"计划智能计算机专家组组长的汪成为写信商榷，将 Virtual Reality 译为"灵境"。90 年代初，钱学森对 Cyberspace(赛博空间) 也非常关注。汪成为说："1991 年，我刚到钱学森老先生办公室工作不久，他就告诉我，你们这些研究信息的人应该重点关注和跟踪 Cyberspace 的内涵、发展以及战略意义。"

钱学森的科学预见远不只这些，晚年他的学术研究已经超越技术层面的探索和实践，更多的是基于技术革命带来的展望，更具宏大的时代关怀和智慧远见。

第七章 人生至境

鹅湖之会

钱学森在他的一封书信中提到过"鹅湖之会"。

这件事要追忆到南宋淳熙二年，也就是公元 1175 年，在江西信州发生的一件在中国思想史上的著名辩论。

大进士吕祖谦博学多识，因为父亲故去便辞官回家守丧。守丧期满，他就闲了下来。正值六月初夏时节，山清水秀，草长莺飞。他便选中了一方清幽安静的古寺，就是现今江西上饶的鹅湖寺，同时邀请了主张"理学"的朱熹和主张"心学"的陆九龄、陆九渊两兄弟前来会晤，他的意思是想营造一个宽松的氛围，使两派主张相互切磋，辩论明理，相互长进。两派如约践行，整整三天的时间，大家在一起襟怀坦荡，畅所欲言，明心见性，不留龃龉，不同的观点经过争辩更加深邃透彻，这就是为世人称道的"鹅湖之会"。这场辩论会的余音一直萦绕在中国古代思想史上。

钱学森一直推崇这样的学术交流、学术对话和学术争鸣。这也是他治学生涯的一个"法宝"。这一点他深受导师冯·卡门的影响。冯·卡门一直主张大家在讨论中相互交流、相互影响，"参与者从各抒己见到激烈的争论"后，"克服了错误的东西"，最后，"最干净利索的，最清澈的观念才能出来"。回国后，钱学森在科研和学术上一直倡导着这样的学风。

1964年1月，钱学森收到了一封新疆的来信。写信的是新疆生产建设兵团农学院的一位年轻人，叫郝天护。他指出："钱学森近期发表的一篇关于土动力学的论文中一个方程推导有误。"

3月29日，钱学森亲自给郝天护写了回信。那时候，正是改进型的"东风二号"火箭准备在全弹车台进行试车的关键时节，钱学森为没能及时回信表达了歉意。他认同了郝天护关于边界条件的意见，还对一些问题进行了探讨和磋商。信中说："我很感谢您指出我的错误！也可见您是很能钻研的一位青年，这使我很高兴。""科学文章中的错误必须及时阐明，以免后来的工作者误用不正确的东西而耽误事。所以我认为，您应该把您的意见写成一篇几百字的短文投给《力学学报》（编辑部设科学院力学所）刊登，帮助大家。您认为怎样？让我再一次向您道谢。"

郝天护收到信后热泪盈眶，他数了数，一页半的回信，钱学森用了五个"您"字，素不相识，素昧平生，郝天护感到他冰冷的内心正被一个伟大的心灵温暖着。

郝天护 1953 年从清华大学毕业，1956 年听过一次钱学森的报告，钱学森描绘的力学世界深深地吸引了他。后来，他被批为走"白专道路"，被"下放"到了新疆。他一个人在遥远的地方，远离亲人朋友，条件又很艰苦，他总是沉浸在学术书刊里排解内心的苦闷。有一天，他眼前一亮，看到一个熟悉的作者名字——钱学森，他马上放下手边的事，仔细琢磨起那篇文章来，后来就发现公式可能不对，他不敢怀疑，钱学森已经是力学界的绝对权威了，但他又觉得不安，他心里对钱学森有敬意，想弄明白这个问题。于是，就写了信，信发出去后，他还是有些纠结。他没想到会收到钱学森的亲笔信，更没想到钱学森还鼓励他写成小文章，推荐发表。

这件事改变了郝天护的人生轨迹。1978 年，他迫不及待地考入母校清华大学读研究生，毕业后在东华大学任教，成为国内有名的固体力学专家。他发表论文 100 多篇，连续 9 年担任国家自然基金会负责人，1995 年被选为美国纽约科学院院士。

2007 年，在"钱学森书信与他的精神世界"报告会上，已经白发苍苍的郝天护回忆起了这件事。他说，当年，他把自己的见解写成了《关于土动力学基本方程的一个问题》，寄给了《力学学报》编辑部，编辑部没有马上刊发，还是在钱学森过问和推荐下，发在了 1966 年 3 月第 9 卷第 1 期的《力学学报》上。郝天护激动地说："钱学森是世界力学权威，能够这样对待一个默默无闻的小青年，敢于在报上公开自己的差错，这足以说明他胸怀坦荡，有人格魅力。"

1986 年 1 月 8 日，钱学森给科学普及出版社的编辑严昭写了一封信，是关于《茅以升文集》的事。

这件事还要从头说起。1934 年，钱学森还是一个充满报国情怀的大学生，正在交通大学完成着他的学业。年长他 15 岁的茅以升已经开始在杭州西湖以南主持设计并组织修建着中国第一座双层铁路和公路两用桥——钱塘江大桥。钱塘江大桥是中国铁路桥梁史上的一座里程碑。茅以升在美国取得博士学位后，于 1919 年回国。他主持了全部结构设计，这是中国人自己设计的桥梁。钱塘江大桥通车的时候，钱学森已经在美国了，他知道通车的消息后，心里暗暗为中国人自豪。

回国后，钱学森和茅以升都在各自的领域忙碌，交流不多。1961 年 6 月 10 日，钱学森在《光明日报》上发表了一篇文章，文章的题目是《科学技术工作的基本训练》，钱学森根据自己的治学经历，强调了基础理论的重要性，他说："理论工作中主要是靠做习题来练，不做习题是练不出本领来的。"他还强调："工科的学生应当先要打好理论基础，再来学习工程技术。"

茅以升看了钱学森的这篇文章有自己的不同意见。他是工程技术专家，成长与钱学森不同，他认为先掌握了某些技术，再来学习理论也不能说是不对。于是，在 1961 年 6 月 14 日，茅以升也写了《先掌握技术后学基础理论是错误的吗？——

对〈科学技术工作的基本训练〉一文的商榷》一文，文章里点了钱学森的名字，表示了对他的观点无法苟同。

这样的纯学术争论没有影响两位科学家的友情和后来的交往，反而让他们有更多的机会在一起切磋。钱学森依然很敬重茅以升。1980 年，钱学森进入中国科学技术协会第二届全国委员会常委会，那时，茅以升任中国科协副主席，两个人经常在一起沟通、交流。

钱学森说："茅以升以他的成就对自己进行了极为深刻的爱国主义教育。"1955 年 10 月中旬，他们一家从广州乘火车经南昌、杭州到上海。列车经过钱塘江大桥是凌晨，在朦胧曙色中，钱学森把头贴在车窗，第一次亲眼看到了茅以升设计建造的现代化大桥，心情十分激动。目睹这一宏伟的工程，钱学森再一次体会到了中国人民的智慧和力量。钱学森说："两个月后，我在黑龙江省哈尔滨参观中国人民解放军军事工程学院，受到院长陈赓大将接见时，他问我：'中国人搞导弹行不行？'我就以十分肯定的语气回答说：'外国人能干的，中国人为什么不能干？'作为一名中国的科技工作者，我要感谢茅以升给我的爱国主义教育。"

1986 年，钱学森参加茅以升从事科研、教学、科普工作 65 周年暨 90 寿辰庆祝会，得到了科学普及出版社出版的《茅以升文集》，这样厚厚的大部头他也是认真地翻阅了。他看到《茅以升文集》收录了当年那篇针对他的文章提出不同看法的文章，但编辑删掉了原文作者"钱学森"的名字，文章日期也有误。于是，钱学森给编辑严昭写了信。钱学森写道："事过快 25 年了，回忆往事，是很有兴趣的。""我也想，最好能指明茅老评议的东西是我写的，我应负文责。""我想这种文风也是合乎茅老提倡的科技工作者道德规范的。"

1989 年 11 月 12 日，茅以升逝世，钱学森得知这个消息很难过，他写了纪念文章，他称茅以升为"我的好老师，他为中国人争了气"。

1986 年前后，《文艺研究》编辑部多次请钱学森去讲学，讲的主要内容是马克思主义文艺理论，后来，钱学森发表了《关于马克思主义哲学和文艺学美学方法论的几个问题》。著名文学理论家、评论家王元化写信给编辑部，对钱学森的看法提出了商榷意见，观点颇为犀利。他认为，钱学森提出的"离经不叛道"的说法很好，但他不赞成在上面附加什么限制，不赞成把方法和观点截然分开，不赞成任何情况下方法都不能改变观点的说法。编辑部很谨慎地询问钱学森，是否可以发表王元化的信件时，钱学森以"不避争议"的豁达心胸，二话没说，立即同意发表反对自己观点的信。

"鹅湖之会"是钱学森的学术理想之境。1996 年 7 月，钱学森不无感慨地说："我从前在中国科协工作过几年，感到学术不够民主。教授、权威压制得很厉害。我在科协会上讲过不止一次，但还是解决不了，这是科学向前发展的大问题。"钱学森一生都在尽一己之力坚守着学术面前、真理面前人人平等的信条，他一生都在用自己的实际行动去打破论资排辈的学风，去倾力营造民主平等的学术环境，他以此向自己毕生追求的科学精神致敬。

治学之道

钱学森的家里，客厅 20 多平方米，钢琴占了一边，余下的地方堆满了书。书籍 14000 多册，中外期刊 11500 多册。蒋英曾经说过："我不羡慕人家装修这、装修那的，教授的家就应该是这样的，都是书。"

钱学森是终身学习的实践者。钱永刚说："父亲看书看到最后一天，一直到入院前几个小时都在看报纸、看文件。"

钱学森从小就养成了读书的习惯，他不仅爱读书，也爱惜书。他说："不爱惜书籍，似乎铁的书皮都不够结实。"所以，他读过的书大都保留了下来。这些书大都是他用自己的稿费购置的。他的工资留作家里的生活费，稿费放在办公室做"预留金"，由秘书保管。每隔一段时间，他就列出一份书目清单，委托秘书买回来。时间久了，书店也大致了解了钱学森的阅读习惯，他们专门准备了一个架子，觉得钱学森能用上的书就摆上，等他的秘书来选。还有一部分书是赠阅的。这么大量的藏书，并没有所谓的"孤本""善本"。书是他的思想的基石，是资料，是工具，不是装饰品。他是真正的读书人，而不是图书收藏家。除了书籍，钱学森还存有大量的期刊，一般最新的前沿学术信息都是在期刊上发表出来的，他很重视这一渠道。

古人讲读书，常常提到"三到"，即眼到、手到、心到。钱学森把读书看作是与著者的对话。读书时他习惯拿着笔，不时地圈点、画线，他在书上留下大量的札记，记录下自己当时的感受。他读过的书，书页的空白处留下很多的感想、心得、疑问和见解，还留下很多赞叹或批评。通过这样有意识地与著者间有情感的参与和交流，他能够很准确地理解和把握书籍的思想精髓。

钱学森还注重精心选择参考书。1961年10月28日，他给中国科学技术大学的师生作讲座，题目是《谈谈工作能力与学习》。他提出参考书要选择名著，但名著不一定是出自名家之手，而是"在实际中经过考验的大家公认是好的著作"。

钱永刚说起过一件事。他说自己考试得了四个4分，被老师找去训了一顿，回家后就不开心。钱学森见他不高兴，就问他，为啥？钱永刚就说了事情的原委。他说："消灭4分不是做不到，但这得让我少看多少课外书啊？"钱学森听了，一笑，没再说什么。后来，钱永刚把心思都花在功课上，半个学期后，全考了5分。他兴高采烈地回来告诉父亲，钱学森却说："我看有两个4分也很好。"钱永刚体会到了，在父亲的眼里，学生时代多读书，开阔视野是很重要的。

钱学森还有一个独特的治学之道，就是用写信的方式与人沟通交流。

这些信有他主动与人进行学术交流的，也有别人向他求教的，他能回答的就认真地回复，答复不了的，他便向求问人推荐或者介绍其他的专家学者。渐渐地，在他周围就形成了一个潜在的学术交流圈子。通过书信这一载体，信息在交流、传递中升华为思想、策略和方案。

这些信件能够保留下来，得益于他的历任秘书认真负责的工作态度。早些年，每次发出的信，他都要请秘书誊抄一份留底，后来有了复印机就更方便了。他的想法是"下笔千钧，白纸上写黑字，画了押的，写了要负责"。

信都是用钢笔亲自写的，没有秘书代劳。他的字迹隽秀，页面整洁。除了早期几封是用"中国科学院力学研究所"的公笺写的外，大都是用A4白纸写的，没有格子，但他写得很整齐，像依照看不见的格子写出来的。他不碰电脑，更谈不上电子邮件。

他的秘书涂元季、顾吉环和李明精心整理了钱学森的这些书信，2007年影印出版了十卷本的《钱学森书信》，收录了书信3331封。2012年又影印出版了五卷本的《钱学森书信补编》，收录书信1980封。收信方有1000多个个人或单位，与他经常通信的就有100多人。与戴汝为、丁景元、钱学敏这几位的通信最多，钱学森给他们每个人写的信达200多封。

钱学森退居二线，回归学术研究后，曾经把政治学作为专攻方向之一。他和中国社会科学院的孙凯飞保持了十多年的学术通信，他们经常就一些问题进行交流和探讨，共同合写了《建立意识的社会形态的科学体系》；联名丁景元，共同发表了《社会主义文明的协调发展需要社会主义政治文明建设》，学界认为这篇文章丰富和发展了马克思主义的科学内涵。

钱学森治学还有一个方法就是做剪报。早年，钱学森在交通大学读书的时候，就养成了阅读报纸、杂志的习惯。报纸、杂志具有鲜明的时效性，能第一时间把最前沿的信息传播开来。这个习惯，钱学森保持了一辈子。

在美国的时候，他很关注原子能的研究和利用。从1945年到1950年，他收集制作了9册剪报。这些剪报有1539篇，其中1412篇和原子能有关。1946年，他发表了一篇题为《原子能》的文章，这篇文章主要探讨的是原子能作为航空动力装置的发展前景。没想到，在美国阻止他回国的时候，这些剪报引起了美方的警觉，美国海关邀请专业人员对这些剪报进行鉴定。经过鉴定，这些剪报全部来自《纽约时报》《新闻周刊》《科学》等报刊上的公开报道。

钱学森并没有因为这次麻烦放弃做剪报。回国后，他一直在国防科研一线，做剪报这件事就放下了，直到20世纪70年代后期，他重理旧业又恢复了做剪报。他每天阅读的报纸有《人民日报》《经济日报》《兴明日报》《科技日报》《解放军报》等七八种。看到对他的研究有价值的就动手剪下来，粘贴到自己的剪报本上，还在剪报本上留下了大量的札记。经统计，晚年钱学森收集的剪报有 24500 份，平均每天三份。这些剪报分门别类，装了 629 个资料袋，这些袋子上都清晰地标着主题："建立社会主义学""社会主义国家宏观经济理论""汽车工业""我国稀土事业"，还有"文化学与文化建设""山水城市""社会主义美食文化"，等等。这些剪报成了钱学森的信息库，这个习惯使他始终站在社会发展的前沿，保持着对科学技术和社会发展的高度敏感性。在中国科学院力学研究所和国防部第五研究院，钱学森很重视信息情报工作在科研上的作用，多次向年轻人推荐做剪报积累资料的方法。

晚年，钱学森因为身体原因，很少出去参加学术活动。但是就在自己书房这样的方寸之地，通过对自己多年摸索和形成的治学之道的总结进而孕育出了其无限的思想。

愿为人梯

有人说，钱学森爱才若渴，育人如父。

中国工程院院士、人工智能专家汪成曾经多次得到过钱学森在信息领域的指导。他说："其实钱老对我的指导和帮助，只是他对我们整个中青年一代的关心和指导的一个实例而已……每每想起钱老对我的悉心关爱，一次次感受钱老那深邃睿智的眼神，尖锐鲜明的观点，一丝不苟的手稿，提携后人的热忱，以及他对我们潜移默化的引导和影响，可谓用心良苦，让人永远难以忘怀。"

有人说，中国人的精神是在儒家的思想里濡染过的。两千多年来，仁义礼智信已经根植在中国人的精神沃土里。孔子说的"己欲立而立人，己欲达而达人"和孟子说的"穷则独善其身，达则兼济天下"都从个人道德层面主张博施济众，主张一个人自己有了成就，有了能力要周济、提携需要帮助的人。在钱学森的精神图谱里，他所有的成就都不是他一个人的，他的一切成果都属于祖国和人民，属于科学。他想做的是把他的那些成果传播下去，变成让祖国和人民持久受益的现实生产力。他身居高位，总是帮助那些素不相识的自强、勤勉、热爱探索科学的年轻人，他鼓励、扶持年轻人致力于科学研究，并甘为人梯。

1987 年，中国科协设立了"中国科协青年科技奖"，这个奖就是钱学森大力倡导的。后来，中组部、人事部和中国科学院把这个奖改为"中国青年科技奖"，这个奖表彰了共八届，有 789 名青年科技工作者获奖。这些人中有 17 位当选为中国科学院院士和中国工程院院士，30 多位担任了大学校长，40多位被聘为"长江学者特聘教授"。

1981 年春天，钱学森发表在上海《自然》杂志上的一篇题目为《系统科学、思维科学与人体科学》的文章，被淮南师专一位叫杨春鼎的青年教师看到了。杨春鼎像得到一件盼望已久的珍宝一样，一口气读了好几遍。

当时，杨春鼎正给学生们讲《文学概论》，他对形象思维既迷茫又觉得很重要。钱学森在文章中提出了创立形象思维学和灵感学的一些设想，这篇文章好像为杨春鼎拨开了迷雾，杨春鼎受到启发，当即就写了一篇题为《形象思维新论》的论文，发给他的学生做辅助材料。他把油印稿给钱学森寄了一份。

1981 年 4 月下旬的一个上午，杨春鼎收到了钱学森的回信。杨春鼎早已忘了给钱学森寄稿子的事，或者他根本不相信钱学森那样一位大科学家能理会他。杨春鼎激动得手都抖动了起来。钱学森在回信中对他的论文给予了肯定，谈了自己的意见，鼓励他争取多出研究成果。以此发端，在以后的 13 年里，钱学森给他写了 50 多封信。杨春鼎把这些信装订成两大册，一直珍藏着，对杨春鼎来说，这是一笔巨大的精神财富。

1981 年 6 月，杨春鼎写了近 2 万字的《形象思维与电子计算机革新的设想》一文，并寄给了钱学森，信中聊了几句家常。想不到，钱学森竟然两次给安徽省有关领导写信，介绍杨春鼎的学术研究和家庭情况。

有一天，淮南师专的人来通知杨春鼎快去给妻子和孩子迁户口，给妻子安排工作，搬新家，杨春鼎这才知道这一切都是钱学森帮助的，而钱学森在通信中一点也没有提到。他们通信三年多的时候还没有见过面。

生活安顿好了，杨春鼎的学术成果不断。1984 年至 1994 年间杨春鼎发表关于思维科学、美学、文艺理论等方面的论文 50 多篇，出版《文艺思维学》《创造艺术》《思维的艺术》等 10 多部著作，约 300 万字。他自己也从讲师一步步晋升为教授。

钱学森通过书信结识并鼓励他们成长的有很多人，张沁文也是其中的一位。

三月的春风对于晋西北的右玉县这个古代北方要塞来说还很遥远。一阵北风吹过来，卷起地上的尘埃，张沁文用手按住领口，不让这股寒气吹进他的心里。

他想起在南京林学院读书的那些春天，那里的春天是樱花的海洋，枝头粉白的花瓣半舒半展，脚下落英如雪，漫步在樱花树下，他以为自己每年的春天都可以在这条小路上走一走，直走到鹤发白首……

没承想，走着，走着，就走到了塞上高原。刚来的那五年，他血气方刚，心一刻都不能安宁，只能在右玉县不到 2000 平方千米的土地上暴走，没有目的，没有方向，不知磨破了多少双鞋，脸颊也在风沙中变得粗粝而坚硬。在一个还很寒冷的春天的早晨，他看到一粒种子在积雪下顽强地破土而出，顿时，泪水从眼眶流下来，滴到泥土上，当他俯下身去触摸这个顶着寒风的小芽时，仿佛触摸到了自己的命运。随后，他把这五年来记下的笔记找出来，开始静下心来整理。依据这些珍贵的第一手物候观察笔记，他写出了《右玉县自然地理》

一书。从此，他一发不可收，埋头钻研，又在全国性的报刊上发表了7篇论文和调查报告。

1979年3月1日，张沁文把一沓厚厚的书稿投进邮筒。尔后，他又不放心地从窄小的投递口向邮筒里看了看。那是他这几个月起早贪黑的心血。1978年的冬天，他就开始琢磨农业发展的客观规律，写出了这部《农业系统·农事学》的书稿，他要把这个书稿呈给能读懂的人。这沓书稿的收件人是大名鼎鼎的钱学森，是他一直景仰的人。

5月12日，张沁文收到了钱学森热情洋溢的亲笔回信。这是一封改变他一生命运的来信。他研究农业系统工程的基本思想被钱学森充分肯定了，钱学森还指出了深入探讨的路径和修改意见。

两个人素昧平生，他们的心通过书信这种古老的信息传递方式顺畅地联通了，他们在农业系统工程这个频率上共振起来。由于钱学森的重视和推荐，张沁文被调到了山西省农业区划办公室，专门从事农业方面的研究工作。

一年以后，也就是1980年3月9日，钱学森赴西部卫星发射基地考察时，特意在太原停留，在太原的迎泽宾馆，钱学森和张沁文相见了。他们有太多的话题想聊，有太多的事情想一起做。钱学森是系统工程研究的开拓者，也是普及、推广系统工程学的倡导者与支持者。那时候，中国科协和中央电视台正要联合举办"系统工程普及讲座"，钱学森邀请张沁文来撰写《农业系统工程》的讲稿。张沁文先是感到不安，然而，他在钱学森的目光中看到了信任和鼓励。他们的谈话用了 1 小时 45 分钟，而钱学森此行在太原只停留了三个小时，还包括用餐的时间在内。

后来，张沁文收到一张照片，照片里他坐在沙发上，钱学森坐在对面的一把扶手椅上，前倾着身体和他说话。那场景并不像他在向钱学森讨教，更像钱学森在虚心倾听，他百感交集。

张沁文按照钱学森的系统工程理论和他们探讨的路子很快完成了《农业系统工程》的讲稿，之后，又按钱学森的意见修改后很快就定稿了。张沁文把钱学森的名字署在了前面，但钱学森坚决不同意。

钱学森给张沁文写信说："你的名字还是放在前面……一是创作权主要在你。二是我对我国现在流行于科学技术界的"老头子制"颇为反感，用这个机会表示一下，也是抗议这一不合理的东西。三是以你我年龄来论，你应居第一线，而我不能当农业系统工程的主力了。我希望你迅速前进。……我将尽力相助。"

1980 年 6 月，得知张沁文去天津讲学，钱学森就约他返回山西前在北京停一下。张沁文如约来到钱学森的办公室。他们愉快地聊了起来。钱学森回身走到书架前，把自己从 20 世纪 50 年代以来收集的有关农业科学的 57 份报刊资料全都给了张沁文，还有他收藏的 43 本农业科学方面的书籍也一并给了他。就像当年冯·卡门把办公室的钥匙交给自己时的心情一样，钱学森把农业系统工程的未来交给了张沁文。

10月，张沁文在中央电视台作了《农业系统工程》的讲座。中央电视台原计划是请钱学森讲的，但钱学森几次写信坚持让张沁文讲，他写道："《农业系统工程》一讲，还是由你来讲，我已告诉电视台的同志了。我是有意赶你上架，让你锻炼讲解的本领。有科学成就的人，其素养之一就是讲解有吸引力。"

后来，张沁文还担任了山西省农村发展研究中心主任兼任《农村发展研究探索》杂志主编、省农委主任等职。

高风亮节

1960年，国际风云变幻，中苏关系彻底恶化了，台湾"反攻大陆"的念头更是蠢蠢欲动。敌对势力把矛头指向了对国防科技有重要意义的科学家，特别是钱学森。主管国防科研的聂荣臻元帅接到公安部的报告后，立即向周恩来总理做了汇报，周恩来指示加强钱学森的警卫工作。

这一年，钱学森一家从中关村的中国科学院的宿舍楼搬到了阜成路8号国防部第五研究院苏联专家撤走后的空房子里。钱学森身边多了一位警卫秘书。钱学森的父亲钱均夫、蒋英的母亲、蒋英的奶妈年纪都大了，需要照料，也都搬过来一起住了，他们住在一楼。钱学森、蒋英和孩子们住在二楼，钱学森、蒋英一直照顾着这三位老人的日常生活。钱学森无暇顾及家里的事，两个孩子他也没有时间陪伴。

有一次，钱学森和儿子钱永刚聊天，他很感慨地说："你小的时候我工作特别忙，就顾不上你了，如果我们一个星期就做一道题，不论数学、物理、化学的，相信到你高中毕业时，全国的大学任你挑。"但是钱学森做不到。儿子钱永刚说："时光不会倒流，即便能够倒流，父亲依然会作出那样的选择，因为在他心中，国为重，家为轻……"钱永刚还说："有时一个月也见不到爸爸，当他回家时，常常穿着厚厚的大棉袄，大皮靴，活像我在画册里看到的因纽特人。""父亲对我的教育不是言教，而是身教，我觉得身教的作用更加凸显。一是培养了我热爱读书的习惯。二是低调做人，正确对待名和利，父亲名气虽然很大，但待人诚恳。"

钱学森每次在家吃饭，都是穿得整整齐齐的，钱永刚不知道为什么。一位炊事员对他说，这是你父亲对我们这些为他服务的人的尊重。每到逢年过节，钱学森都要给身边的工作人员备上些礼物，这样的做法直接影响了孩子们的待人接物方式。

钱学森配有专车，但是孩子们上学、父亲出行都是坐公交车。

三年困难时期，聂荣臻元帅从军区的慰问品中送了半头猪肉过来，警卫秘书就把猪肉交给食堂保管，隔段时间取一些回来。有一天，炊事员高兴地做了一碗红烧肉，刚端上桌，钱学森就问："哪里来的这么多肉？"警卫秘书解释是聂荣臻元帅送来的。钱学森说："生活上不能搞特殊化。"嘱咐警卫秘书不要再去食堂取肉了，留给大家一起分享吧。

按照中国科学院国家特别研究员的标准，钱学森每月工资是350元，1957年，他又当选为学部委员，这样每年又增加津贴100元，年底，中国科学院还能发500元奖金。钱学森心里很不安，他觉得自己的工资比别人高出太多了。于是，他给力学研究所的领导写了封信，主动要求减去一些工资。信中说："现在我所正在进行级别工资调整，我想利用这个机会提出一个近年来留在我心中的问题……我认为这个工资过高。"当天，力学研究所就向各支部印发了钱学森要求减薪的信，同事们知道了，都暗暗地佩服。

1956年和1957年，钱学森两次到苏联访问，多次在高校进行演讲，他收到了26000卢布的讲课费，相当于人民币14700元。拿到这笔钱后，他全部捐给了力学研究所。1957年，钱学森的《工程控制论》中文版获得的奖金10000元也被他送到了中国科学技术大学。1959年，他得到一笔稿费3700元，1961年又得到一笔稿费11568元，这两笔钱都捐献了。钱学森还有个规矩，他和别人合作的著作，稿费他不要。到1990年，他与人合著了7部著作，他应得的稿费是14238元，他一分没要，都给了合著者或作为了学术活动经费。合著者也不好意思收，但他总是说，我的工资比你高，你留着补贴家用吧。

1982 年，钱学森将《论系统工程》一书自己的那部分稿费捐给了系统工程研究小组用作活动经费和出版经费。

1991 年，钱学森获中央军委授予的"一级英雄模范奖章"，这项荣誉奖金是 2000 元，他又拿出出版文集的稿费 3000 元，共 5000 元，赠给了中国科学技术学会的奖励基金。1994 年，钱学森获得香港何梁何利基金成就奖 100 万港币，他把奖金捐给了促进沙产业发展基金会，用于他一直关注的我国西部沙产业的发展。2001 年 11 月 7 日，钱学森被授予"霍英东杰出奖"。那时候，钱学森已经行动不便了，蒋英代表他去领奖，他说："钱（钱学森）归你，奖（蒋英）归我。"这个谐音的幽默把在场的人都逗乐了。这个奖的奖金 100 万港币，他也全部捐给了促进沙产业发展基金会。

1969 年 8 月 23 日，钱学森的父亲钱均夫逝世了。父亲生前是中央文史研究馆馆员，9 月 16 日，钱学森把父亲积存的薪金和银行利息都交给了中央文史研究馆，中央文史研究馆没有收，退回了。后来，钱学森提出自己以一个普通中国共产党党员，向党组织交纳的党费为名，希望中央文史研究馆留下这笔钱，这封信写好后还没来得及发出，有人告诉他，党费应交给党员本人所在的党支部，所以，这笔钱后来交给了第七机械工业部党组织。

钱学森说："我姓钱，但我不爱钱。"

回国后，他一家住在中关村中国科学院的宿舍。1960 年，考虑到他的安全，才搬到了阜成路航天大院，一住就是 49 年。

他住的房子墙上还留着 1976 年唐山大地震后修补的痕迹，家具也是 20 世纪 50 年代单位配发的。1995 年，乘着钱学森住院期间，才简单修整过一次。钱学森担任全国政协副主席后，组织上一直想按标准给他换处房子。有一天，秘书涂元季把新房子的照片拿给他，劝他说："这个房子有个小院，你可以晒晒太阳。"他说："我现在的住房条件比和我同船归国的那些人都好，这已经脱离群众了，我常为此感到不安，我不能脱离一般科技人员太远。"他还对身边的工作人员说："至今我仍住在老房子里不愿搬家，因为它是聂老总亲自分配给我的，它常常使我想起当年的科研工作，想起聂老总对我的关怀。"

1994 年，钱学森在报纸上看到有关个人所得税的报道，就嘱咐秘书去打听怎么个交法，秘书告诉他，中央在考虑，还没有具体规定和实施办法。钱学森说："那就再等等吧，不过我要提醒你注意，我们千万不要违法呀！"后来，钱学森又看到"领导干部收入申报"的消息，他又让秘书去打听。他说："这两件事一直挂在心上，希望早日搞清，不能拖下去。"

人生就像一条渐渐流逝的江河，每一滴水都饱含着平凡与不平凡的记忆，钱学森以守护着过去的场景的方式，让自己可以随时回到那些激情燃烧的岁月，随时可以再去感受那段如火如荼的日子。

历数钱学森担任过的领导职务，中国科学院力学研究所

所长，国防部第五研究院院长、副院长，第七机械工业部副
部长，国防科委副主任，国防科委科技委副主任，中国科协
主席，直至全国政协副主席。钱学森说："科技人员，不是什
么大官，那些官的待遇，我一样也不想要。"组织上也理解了
他的思想境界，也不再提房子的事了。

一次，钱永刚在一个电视节目上拿出了两把扇子。家里
很多年都是没有空调的。那扇子是钱学森用的，就是普通的
薄竹编的扇子，边上磨破了，钱永刚帮着粘贴上了，这种扇
子市场上也就几块钱一把，但是，钱学森觉得修补一下还能用。
钱学森还有一个旧提包，是他参加学术会议的时候发的，他
用了 50 多年，边上都已经磨损，他觉得还能用。简单的生活
用品和资料都装在包里，出差、开会拿起来就走。有人开玩
笑说，这个包"拎出了中国的'两弹一星'"。还有几十年不
换的相机，穿了一辈子的中山装……在他眼里，能用，就没
必要花钱买新的。

钱学森的这些小事让人联想到爱因斯坦。爱因斯坦也是
一生生活简朴、厌恶虚荣的人，他逃离德国法西斯的迫害，
初到美国时，普林斯高级研究院请他去任教，校方问他希望
的待遇是哪些，爱因斯坦说："只想尽快开展研究工作，给我
年薪 3000 美元，够吃饭就行。"

钱学森和爱因斯坦一样，他的诉求早已超脱于物欲之上，
他思想上的富足和精神世界的丰盛世人很难企及。然而，他
却总像化了装的天使一样，以一个谦和、平凡的形象出现在

人们的视野之中。

1956 年，一个 15 岁的少年到北京参加全国的"航空爱好者夏令营"，结束的时候，教师用钱学森的"明天是人类文化的另一个时代，是人造卫星、星际飞行的时代"这句话作结束语。这个少年听后激动不已，他工工整整地把这句话抄在了本子上，记在了心里。

他叫韩厚健。1962 年，他大学毕业，来到了国防部第五研究院。

一天，他正在 221 厂总装车间分解"1059"地地导弹，时间还早，领导们还没到岗。他看到一个人走进了车间，那天是个周末，管理白色工作鞋的师傅不在，韩厚健远远地看着那个人脱掉皮鞋，穿着白色的袜子走进车间，韩厚健认出来了，那个人竟是钱学森。

钱学森认真地察看着工作台上的设备。

他问韩厚健，贮箱为什么产生凹坑？韩厚健说："抽瘪了，很可能是负压失稳。"

钱学森赞许地点点头。

后来，韩厚健担任"长征一号"火箭总体设计员，他和他的战友们把中国第一颗人造地球卫星送入了太空。

每次想到钱学森，韩厚健的眼前就浮现出他穿着白色的袜子走在黑胶泥地上的身影。

硕果累累

2007 年，钱学森生日的时候，一位女士来到钱学森的床前，钱学森为之动容。他吃力地前倾着身子握住了她的手。她就是郭永怀的夫人李佩。

李佩出生在江苏镇江一个书香门第之家。1947 年，赴美国康奈尔大学读书。1948 年，与已经是康奈尔大学教授的郭永怀结婚，他们有一个女儿叫郭芹，出生在美国，1956 年随父母回国，郭芹初中毕业就响应"上山下乡"的号召去东北插队了。

郭永怀牺牲的时候，李佩正接受着隔离审查，监督劳动。她站在窗前几个小时都不说话。1997 年，他们唯一的女儿因病过世了，79 岁的李佩没有因此缺过一堂课，依然提着录音机走上了讲台。那时，她已经是语言学家，被誉为"中国应用语言学之母"。2017 年，李佩走完了她近百岁人生，人们说她是"中科院最美的玫瑰"。她分三次将全部积蓄以及郭永怀的遗物都赠予了中国科学院力学研究所和中国科技大学。

钱学森示意李佩坐在自己的身边，他拉着李佩的手问："你有几个孩子？"李佩说："一个都没有了。"他们都没有说什么。他们不需要说什么，想说的都在彼此的心里。

时间就像是一块水晶芯片，储存着过去的一幕幕，当他们回望过往的那些峥嵘岁月的时候，一切都从时间里流淌出来，像一条长河，静静地流过他们的眼前，长河涌动着他们的青春年华、他们的真切情感、他们的那些如星星一样闪烁着光芒的理想。

后来，有人问李佩，怎么评价钱学森，李佩说："钱学森不是一般科学家，他是从战略的高度考虑中国科学发展前景的科学家。有的科学家是纯科学家，而钱学森则是有技术背景的科学家，钱学森精通理与工。"

1989年6月29日，在美国纽约召开的国际技术与技术交流大会上，国际理工研究所将本年度的"W.F.小罗克韦尔奖章""世界级科学与工程名人"和"国际理工研究所名誉成员"称号授予钱学森，以表彰他对"中国火箭导弹技术、航天技术和系统工程理论作出的重大开拓性的贡献"。

"W.F.小罗克韦尔奖章"是国际理工界最高奖项，是国际理工研究所于1982年设立的。每年授予至多三位在国际理工界有极高声望的科学家。与钱学森同期获奖的是美国"氢弹之父"、著名物理学家爱德华·泰勒和法国著名物理学家罗伯特·克拉皮斯。当时，在16位"世界级科学与工程名人"中，钱学森是唯一一位中国人。钱学森拒绝前往美国领奖，国际理工研究所只好把奖章和证书文件交给中国驻美国大使韩叙。

国防科工委和中国科协为此举行了一个座谈会，钱学森说："今天给我的奖，说是第一个中国人得此奖，我说，要紧的是'中国人'三个字，这个'中国人'应该包括中国成千上万为此作出贡献的人。"

1987 年 8 月 7 日，钱学森再一次走进了中南海，国家领导人因他获得"W.F. 小罗克韦尔奖章"并成为"世界级科学与工程名人"和"国际理工研究所名誉成员"向他表示祝贺。钱学森说："我作为一名中国的科技工作者，活着的目的就是为人民服务，人民最后对我一生所作的工作表示满意的话，那才是最高的奖赏。"

1991 年 10 月 16 日，钱学森荣获国务院、中央军委授予的"国家杰出贡献科学家"荣誉称号和中央军委授予的"一级英雄模范奖章"。其中，"国家杰出贡献科学家"荣誉称号是迄今为止只有钱学森一人获得的特别荣誉。

1999 年，中共中央、国务院、中央军委表彰"两弹一星"元勋，88 岁的钱学森荣获"两弹一星功勋奖章"。

2001 年，国际小行星中心和国际小行星命名委员会将中国科学院紫金山天文台发现的国际编号为 3763 号小行星命名为"钱学森星"。

2001 年 11 月 7 日，90 岁的钱学森获"霍英东杰出奖"，他把所领取的奖金全部捐献了。

2008 年，钱学森被中央电视台评为"感动中国 2007 年度人物"。感动中国组委会对钱学森的颁奖词是：在他心里，国为重，家为轻，科学最重，名利最轻，五年归国路，十年两弹成。他是知识的宝藏，是科学的旗帜，是中华民族知识分子的典范。

2009 年 3 月 28 日，98 岁高龄的钱学森荣获 "世界因你而美丽——2008 影响世界华人盛典" 的最高荣誉大奖——终身成就最高荣誉奖。其中的颁奖词有这样一段话：一生默默治学，成就无数，荣誉如海，但无论在什么年代，什么地方，他所选择的既是一个科学家的最高职责，也是一个炎黄子孙的最高使命。他一生的经历和成就，在中国的国家史、华人的民族史和人类的世界史上，同时留下了耀眼的光芒，照亮了来路。可见，钱学森作为中国航天事业的先行者，不仅是知识的宝藏、科学的旗帜，更是民族的脊梁、全球华人的典范。

……

多项荣誉、奖励纷至沓来，钱学森常说的一句话是 "我不敢当"。荣誉、奖励是对一个人美德与贡献的肯定，再多荣誉、奖励都无法表达中国人民对钱学森的敬爱和感激。

尽管处于不同的世界、不同的阵营，对这样一个伟大的人，遥远的太平洋彼岸也给予了足够的敬重，一些人仍然没有忘记他。

2001 年 12 月 9 日，加州理工学院院长委托钱学森的好友马勃将加州理工学院 1979 年颁发给钱学森的 "杰出校友奖" 奖牌和证书交给了钱学森。

2008 年 1 月 6 日，美国《航空周刊》发表了一篇文章，题目是《钱学森为中国太空事业奠基》，作者是美国《航空周刊》亚太地区主管布莱德利·佩雷特。布莱德利·佩雷特写道："中国用一个地面发射导弹销毁了它自己的一个航天器，粉碎了一个老化的气象卫星。"这说明中国已经拥有"以高级传感器以及追踪和精准弹道控制技术为基础的能力——之前只有美国和苏联拥有""中国展开了它的第一次行星任务：将一个科学探测器送上月球"。"钱学森成为我们的年度人物，并不是由于其亲自领导取得了这些成就，已经97岁高龄并且身体状况并不太好，他已经很多年不在中国空间项目中活动。然而，正是他作为新中国科学和工业的奠基人之一，扮演了无可替代的重要角色，从1956年开始，他几乎是从无到有地创造了这一切。在那个年代，他的中国同行对火箭的喷气推进知之甚少。"

文章中还介绍了"1911年在大清帝国的最后几个星期里出生"的钱学森，在美国如何被培养为一名一流的火箭专家和美国如何"愚蠢"地把他驱逐了的情况。

在文章最后，布莱德利·佩雷特近于预言地写道："如果中国现在是美国的战略性对手，那么钱的成就就史无前例地重要了——中国经济正无情地向前发展，并且注意力集中在世界舞台。所以这个非常老的人一直与这一切有关。"

2008年1月20日，美国《华盛顿时报》发表威廉金·霍金斯的文章《中国的年度人物》。

文章写道："当《时代》周刊将普京评为2007年度人物的时候，世界的目光都被吸引了。但是并没有引起人们太多注意的是，美国《航空周刊与空间技术》周刊将钱学森评为年度人物。"钱学森被视为中国航天工业之父，正像《航空周刊与空间技术》周刊评价的，"2007 年在航空航天领域，没有什么比中国跃升到太空力量的第一集团更能改变现状的事了。"

2003 年，中国成为世界上第三个完成载人航天飞行的国家。2007 年，北京进行了反卫星试验，并在 10 月发射了探月卫星。

钱学森带给他的祖国和人民的是安宁、尊严，让那些害怕中国强大的人又慌乱了起来。

尾 声

钱学森在世时，每提及自己的贡献他总是谦逊地说："我个人仅仅是沧海一粟，真正伟大的是人民和我们的国家。"

他一贯反对别人称他"导弹之父"或"航天之父"，并总是以诚恳的态度告诉大家，像"两弹一星"这样的大科学工程，不是哪一两个人能干成功的，"一切成就归于党，归于集体"。

美国准备授予他院士称号，被他拒绝。他说："如果中国人民说我钱学森为国家，为民族做了点事，那就是最高的奖赏。"

当他不能继续开口说话，不能再用自己的表达把一生的功劳归于党，归于国家和人民的时候，党、国家和人民又将荣耀加给了他。

2009年11月6日，钱学森追悼会在北京八宝山举行。

抬棺的是解放军三军仪仗队，棺木上覆盖着鲜红的中国共产党党旗。

国家领导人赶往八宝山参加了吊唁。十里长街，万人聚集，举国悲痛。

在新华社发布的近 6000 多字的钱学森同志生平，全面回顾和高度评价了钱学森光辉的一生，特别清晰地描绘了钱学森作为伟大的科学家和科技领导者为共和国导弹航空事业所作的伟大贡献。

——1956 年，参与筹备组建中国导弹航空科学研究领导机构航空工业委员会，受命负责组建中国第一个火箭、导弹研究机构——国防部第五研究院，并兼任院长。

——1956 年，设立空气动力研究室，组建了中国第一个空气动力学专业研究机构。

——1960 年 2 月，指导设计的我国第一枚液体探空火箭发射成功。

——1960 年 11 月，协助聂荣臻同志成功组织了我国第一枚近程地地导弹发射试验。

——1964 年 6 月，作为发射场最高技术负责人，同现场总指挥张爱萍同志一起组织指挥了我国第一枚改进后的中近程地地导弹飞行试验。

——1966 年 10 月，作为技术总负责人，协助聂荣臻同志组织实施了我国首次导弹与原子弹"两弹结合"试验。

——1970 年 4 月，牵头组织实施了我国第一颗人造地球卫星发射任务。

——1971 年 3 月，组织完成"实践一号"卫星发射试验，首次获得我国空间环境探测数据，为我国研制应用卫星、通信卫星积累了经验。

——1972 年至 1976 年，领导设计制造了我国第一艘核动力潜艇。

——1972 年至 1976 年，指挥成功发射了我国第一颗返回式卫星。

——1980 年 5 月、1982 年 10 月、1984 年 4 月，参与组织领导了我国洲际导弹第一次全程飞行、潜艇水下发射导弹和地球静止轨道试验通信卫星发射任务。

……

在最后的告别仪式上，钱学森的妻子蒋英，紧紧抱住他的遗体，将脸伏在他的脸上，久久不愿放手。作为至爱，作为最了解钱学森的人，蒋英曾经评价钱学森："是一位把祖国、民族利益和荣誉看得高于一切的人，说得上是一位精忠报国，富有民族气节的中国人。"但她也为钱学森一生的忘我，一生在个人生活上的亏欠而感到遗憾。蒋英说："我很可怜他。"蒋英多么希望钱学森能够再延续一段生命，以便有更多的机会弥补自己的遗憾。

逝者长已矣！任何一个生命都有终结的时刻。但肉体的消逝，并不意味着一个人彻底从世界上消失，有些人会以另一种方式永远活在人们的心中，永存于人们所熟知的时空之中。

2009 年 12 月 15 日，中国在太原卫星发射中心以一箭双星方式，用长征四号丙运载火箭将首颗公益小卫星——"希望一号"顺利送入预定的太阳同步轨道。

这是中国科协、中国航天科技集团和中国宇航协会共同组织、策划的一颗专为青少年量身定做的公益性实验卫星。同时，全国各地开展了不同规模的青少年航天科技体验活动。这也是钱学森最美好的心愿和一生奋斗所结出的果实。

如今，这颗卫星已经和所有的星星一样，在太空运行，并反射着太阳的光芒。人们都说，阳光照亮生活，星光照亮梦想，天上的每一颗星星都是一个闪光的灵魂。可是，当孩子们举头仰望星空时，谁能辨认出或猜得到，哪一颗星是钱学森爷爷呢！